すし図鑑

ぼうずコンニャク 藤原昌髙 著

マイナビ

一般的なすし店の形。平均的な店にも10種類以上のすしダネが並んでいる。

はじめに

　本書は楽しく「すしの世界」をのぞいていただきたい、との意図から作られているが、それ以上に楽しみながら「良い食べ方」を考えていただきたい、との思いを込めている。

　食の世界は膨大で多彩であるが、水と塩以外はすべて生物なのである。食べるということは自然破壊にもなるし、人口の増大、開発途上国の近代化で食糧危機が来ることは間違いない。「良い食べ方」とは自然にも優しく、食料の欠乏している地域にも優しい食べ方に違いない。

　では「悪い食べ方」とは何か？　簡単である、偏って食べることだ。陸上生物の畜肉ばかり食べる、穀物ばかり食べること。水産物ならマグロやサケ類ばかりを食べることがだめなのだ。定置網の水揚げなどを見ていると、漁獲したもので小さすぎたり、数がまとまらなかったりで、食べられるのに半数近くを廃棄することも珍しくはない。またブリやサケ、マグロなどを好みすぎるため、養殖が年々増大している。養

築地場内でマグロのコロを分割している。包丁の入れ方で値段に数万円の差が出ることもある。まさに真剣勝負の真っ最中である。

築地場内のすしダネなどを扱う仲卸店。並んでいるひとつひとつが吟味され、また、すし誕生以来200年にもおよぶ歴史の重みが感じられる。

殖を否定しているわけではないが、自然や飢えている人々のことも考えると、このような大型魚ばかり食べるのは正しいとは考えられない。

「江戸前ずし」は江戸湾（現東京湾）の下魚、すなわち小魚を利用することで生まれた。コハダ、春日子、アジなど一尾で一かんの握りとすることに粋を感じたし、常に単品ではなく数種のすしダネを提供するものなので、半端なものでもいっこうにかまわない。すしは水産物に関していえば、漁獲した生物をもっとも有効利用できる料理なのである。

すしダネの知識が増えれば増えるほど、多彩に食べることができる。まったく未知の魚を食べて、思いのほかの美味に驚くことも多いはず。またすしダネの名前、その原料となる生き物のことを知って食べると、楽しみは倍増するだろう。おいしくて、楽しくて、自然にも人にも優しいのがすしなのである。

ぼうずコンニャク

定置網にあふれかえる魚、魚。タイやヒラメ、アジだけではなく100種類近い魚、イカなどが入っている。

はじめに……2
すしの歴史……10

赤身

マグロ総論……16
マグロのすしいろいろ……18
本鮪……20
南鮪……22
眼撥鮪……23
鬢長鮪……24
黄肌鮪・腰長鮪……25
鰹……26
歯鰹・平宗太鰹……27
縞鰹・眼旗魚……28
真旗魚……29

サーモン

アトランティックサーモン……32
サーモントラウト……33
銀鮭……34
桜鱒……35

魚卵

イクラ……36
数の子・子持ち昆布……37
飛び子・カペリン子……38
鱈子・真鱈子……39

光りもの

小鰭……40
鰯……42
鯡・黍魚子……43
針魚……44
秋刀魚……45
鯖……46

004

長もの

胡麻鯖 …… 47
鯵 …… 48
丸鯵 …… 49
貝割 …… 50

鱲 …… 51
太刀魚 …… 52
鯖 …… 53
飛魚 …… 54

鰤 …… 55
春日子 …… 56

穴子・御殿穴子 …… 58
伊良子穴子・丸穴子 …… 60／61

鱧 …… 62
鰻 …… 63

白身

鮃 …… 64
大鮃 …… 65
鰈 …… 66
石鰈 …… 67
松皮鰈 …… 68
星鰈 …… 69
目板鰈 …… 70
鮫鰈 …… 71
烏鰈 …… 72
油鰈 …… 73
鰤 …… 74
平政 …… 75

間八 …… 76
島鯵 …… 77
鯛 …… 78
血鯛 …… 79
連子鯛 …… 80
黒鯛 …… 81
黄鰭 …… 82
平鯛 …… 83
尾長 …… 84
姫鯛 …… 85
笛鯛 …… 86
浜笛吹鯛 …… 87

石鯛・石垣鯛 …… 88
甘鯛 …… 89
目鯛 …… 90
疣鯛 …… 91
千年鯛 …… 92
万鯛 …… 93
金時鯛 …… 94
駕籠担鯛 …… 95
青鯛 …… 96
目一鯛 …… 97
金目鯛 …… 98
恵比寿鯛 …… 99

005

白身

- 目仁奈 …… 100
- 鶏魚 …… 101
- 胡椒鯛 …… 102
- 胡廬鯛 …… 103
- 鮎並 …… 104
- 鮴 …… 105
- 鱸 …… 106
- 平鱸 …… 107
- 九絵 …… 108
- 羽太 …… 109
- 茂魚 …… 110
- 赤羽太 …… 111
- 赤仁羽太 …… 112

- 鯱 …… 113
- まくぶー …… 114
- 九線 …… 115
- 喉黒 …… 116
- 鯥 …… 117
- 本梭子魚 …… 118
- 水梭子魚 …… 119
- 笠子 …… 120
- 虎魚 …… 121
- 目抜 …… 122
- 金色魚 …… 123
- 赤魚鯛 …… 124
- 沖目張 …… 125

- 黒曹以 …… 126
- 八角 …… 127
- 虎河豚 …… 128
- 白鯖河豚 …… 129
- 皮剝 …… 130
- 馬面剝 …… 131
- 鱈 …… 132
- 髭鱈 …… 133
- 白魚 …… 134
- 生白子 …… 135
- 玉筋魚 …… 136

イカ・タコ

- 墨烏賊 …… 138
- 紋甲烏賊 …… 139
- 障泥烏賊 …… 140
- 槍烏賊 …… 141
- 剣先烏賊 …… 142

- 雛烏賊 …… 143
- 鯣烏賊 …… 144
- 袖烏賊 …… 145
- 蛍烏賊 …… 146
- 米烏賊・大墨烏賊 …… 147

- 蛸 …… 148
- 水蛸 …… 149
- 飯蛸 …… 150

006

貝

- 赤貝 …… 152
- 佐藤貝 …… 153
- 青柳貝 …… 154
- 白貝 …… 155
- 蛤 …… 156
- 海松貝 …… 158
- 白海松 …… 159
- 鳥貝 …… 160
- 石垣貝 …… 161
- 帆立貝 …… 162
- 緋扇貝 …… 163
- 平貝 …… 164
- 大溝貝 …… 165
- 北寄貝 …… 166・167
- 揚巻 …… 168
- 大馬刀貝 …… 169
- 牡蠣 …… 170
- 姫硨磲貝 …… 171
- 眼高鮑 …… 172
- 蝦夷鮑 …… 173
- 黒鮑・雌貝鮑 …… 174
- 床伏 …… 175
- 茜鮑・鮑 …… 176
- 赤鮑・ロコガイ …… 177
- 真螺 …… 178
- 厚蝦夷法螺・栗色蝦夷法螺 …… 179
- 白蜆 …… 180
- 蜆 …… 181
- 栄螺 …… 182
- 夜光貝 …… 183

エビ・カニ

- 甘海老 …… 184・185
- 姫甘海老 …… 185
- 牡丹海老 …… 186〜188
- 赤海老 …… 189
- 葡萄海老 …… 190
- 縞海老 …… 191
- 車海老 …… 192
- 足赤海老 …… 193
- Black tiger …… 194
- Vannamei …… 195
- 鬼海老 …… 196
- 伊勢海老 …… 197
- 団扇海老 …… 198
- 桜海老 …… 199
- 鱈場蟹 …… 200
- 油蟹 …… 201
- 頭矮蟹 …… 202
- 紅蟹 …… 203

007

コラム

- すし店の形 …… 14
- サーモンについて …… 30
- 地図で覚える魚介類 …… 137
- 国内から覚えていこう、ブランド魚介類 …… 151

その他

- 蝦蛄 …… 204
- 海胆 …… 205
- 蝦夷馬糞海胆 …… 206
- 北紫海胆 …… 207
- 赤海胆 …… 208
- 白髭海胆 …… 209
- 玉子焼き …… 210
- 海苔 …… 211

- 用語集 …… 212
- 索引 …… 216
- 終わりに …… 222
- おまけ 坊主蒟蒻 …… 223

008

この本の見方

本書は、すしを知る！ 楽しむ！「ハンドブック」です。お店や家庭で手軽に使えるよう、握りや魚の写真を大きく、わかりやすく作りました。

すし店で注文するときに、食べたいすしの種類がすぐ引ける「タブ」も付いているので便利です。

巻末の索引には、魚名、すしダネ名のほか、地方での呼び名や魚河岸での通り名などの別名も掲載。すぐに調べられるようになっています。

タブ
すしの種類がひと目でわかります。

代表的なすし

魚名（標準和名）
一般的な魚の呼び方。

すしダネ名（ネタ名）
すし店などでのすしダネの呼び方。同じすしダネ名の場合でも魚名が異なるものは別項にしています。

すしダネ お値段目安ランク

- **超高** 回転ずしや一般的なすし店では、お目にかかれない非常に高価なすしダネ。
- **高** 一般的なすし店では上、特上ずしのみに使用されるすしダネ。
- **並** 回転ずしでもお目にかかれるが、やや高価なときもあるすしダネ。
- **安** 生鮮品としても、すしダネに加工されても非常に安いもの。

※値段と味は必ずしも正比例しません
※ランクづけは実際にすし制作時の仕入れ値と、すし職人、著者の考え方によっていて、絶対的なものではありません

おさかなデータ
生息地や旬、魚介の別名や、すし以外の食べ方などを紹介しています。

ネタとなる魚介の写真。

すしダネの魚介についての詳しい情報。そのすしの特徴など。

すしの歴史

古代東南アジアの発酵食品である「すし」が国内に入り様々な形に変化し、最後に登場したのが、江戸前握りずしだ。

```
            794        710
  平安     |    奈良    |
           ←東南アジアからやってきた
```

734年正倉院文書に「鮨」の文字が見られる

ふなずし
滋賀県琵琶湖の「ふなずし」
強い臭いがあるので好き嫌いが分かれる。春、産卵期のニゴロブナの内臓を抜き取り、塩漬け、ご飯と漬け込む。これを半年から数年漬け込み、乳酸発酵させて作る。ご飯は粥状になっていて、フナ自体だけ食べるのが基本。

さばなれずし
滋賀県朽木の「さばずし」
かなり臭みのある本格的なもの。春の産卵間近のマサバを若狭で塩漬けにし、これを山間部である余呉や、朽木でご飯と一緒に漬け込んだもの。比較的発酵の弱いものと、強いものがある。

「すし」を表す漢字「鮨」「鮓」の二つは紀元前後に中国で生まれた。「寿司」もあるが、これは当て字である。諸説あるが「鮨」は魚肉などの発酵食品で本来は塩辛のことだと考えられ、「すし」を表す正しい漢字は「鮓」とされている。

「すし」は古代東南アジアの稲作地帯で生まれ、塩漬けした魚とご飯を合わせ乳酸発酵させたもの。奈良時代以前に我が国に入り「酸っぱし」から「すし」という言葉が生まれた。

もっとも古いタイプを**なれずし**といい、魚介類を塩漬けにし、水で塩を抜き、その後ご飯と一緒に漬け込む。できるのに数カ月から数年かか

010

```
          1333            1192
  ┌─鎌倉時代から室町時代にかけて─┐  ┌─鎌倉時代に麹を使った─┐
  │「なまなれずし」が登場か?    │  │「すし」が登場      │
  └─────────────────┘  └──────────────┘
```

室町	鎌倉

← **北陸、新潟、東北、北海道で発達**

飯ずし

北海道の「鮭の飯ずし」

東北・北海道で見られる「飯ずし」。写真はベニザケを使ったもの。サケやカラフトマス、ニシン、カレイなどでも作る。麹の甘さがあり、酸味はほとんど感じられない。

さんまなまなれずし

三重県尾鷲の「さんまなまなれずし」

別名「さえらずし」。三重県、和歌山県などで作られている。ご飯だけではなくサンマ自体もどろどろになった強発酵のものや、ご飯が食べられる「なまなれ」、早ずし（棒ずし）などもある。

かぶらずし

石川の「かぶらずし」

塩ブリと蕪、麹で作る。ほかには大根とサバの「大根ずし」なども。魚より蕪、大根が主役で「すし」というより漬け物に近い。石川県、富山県で作られている。

り、現代の「すし」とはまったく別もの。むしろ漬け物に近く、平安時代には「すしをおかずにご飯を食べる」ものだったらしい。

この発酵食品が「ご飯もの」に変化したのが鎌倉時代から室町時代にかけて。これを**なまなれずし**という。発酵時間を短くし、**なれずし**では粥状のご飯がまだ粒状で、魚だけではなく、ご飯も食べることができるようになった。

「すし」が漬け物であった時代は長く、高価だった酢が大量生産できるようになった江戸時代にも**なれずし**は大いに作られる。

また鎌倉時代に生まれたとされる別系統の「すし」に**飯ずし、漬け物ずし**がある。乾魚、塩漬けした魚介類と野菜を麹で漬け込んだもの。現在も北陸、東北などに残り、寒冷な地で発酵を催すために麹を使ったのだと考えられている。

011

1700年代、笹巻き毛抜きずし誕生			室町時代初めに箱ずし、押しずしが誕生？
1700	1603	1573	
江戸	安土・桃山	室町	

← ご飯を少しずつ酢で味つけするように変化

笹巻き毛抜きずし
東京の「笹巻き毛抜きずし」
「笹巻き毛抜きずし」は18世紀初頭とも後期に出現したともされている。江戸前握りずし以前のもので、すし飯に魚介類、玉子焼きなどを貼り付け棒状にして笹で巻いて押しをかけたもの。関西の押しずしの一変形かも。

押しずし
京都の「押しずし」
ご飯を均等にしき、「こけら」と呼ばれる調理した魚介類を並べて、押しをかけたもの。発酵過程はないが、「押す＝漬ける」で古い形を残している。

棒ずし
愛媛県宇和島の「さばの棒ずし」
棒ずしは本来、魚を塩漬けにし、開いてご飯を腹に詰めて、押しをかけて発酵させたもの。今では発酵過程はなく、調理したすし飯を使った「早ずし」となっている。

現在の大阪ずしの原型である**箱ずし（押しずし）** が登場するのが室町時代。「こけら」という魚の切り身などをご飯にのせて、押す（漬ける）もの。今のものとは違い、ここでもまだ発酵段階を残している。

"ご飯を酢で味つけするもの"が登場するのは江戸時代。木の葉や笹に巻き、少し寝かせた。

酢と塩で味つけしたすし飯を俵状にして、煮たり酢で締めた魚をのせた、現在の握りずしが登場するのは江戸時代の文政期（一八二〇年前後）。両国の華屋与兵衛が発明したとされている。これが**早ずし**、もしくは**江戸前握りずし**である。

江戸前握りずしはすぐ大阪にも伝わったが、「箱ずし」や「棒ずし」が主に作られ、**江戸前握りずし**は江戸・東京の郷土料理でしかなかった。

それが、次の二度の悲劇がきっかけとなり、全国的なものとなる。

012

```
           1989           1926 1912      1868      1820
   平成   |   昭和    |  大正  |  明治   |
```

- 戦後、委託加工時代に江戸前握りずしが基本に (1989)
- 氷が製造可能になり生の魚をすしダネに (1926)
- 1820年前後、江戸前握りずし誕生
- 1923年関東大震災で東京のすし職人が全国に
- 1947年江戸前握りずしが現在の形になる

江戸前握りずし

東京の「江戸前握りずし」

並ずしで、握り7〜8かん、巻き物半分もしくは1本で構成されている。第二次世界大戦前までは1かんの握りずしの大きさが、この3倍くらいあり、4かんで1人前だった。これは戦後昭和22年からの委託加工業のときに「1合で10かん」が基準とされたため、1かんが非常に小さくなった。

【その一】関東大震災。東京の町が壊滅状態になり、職を失ったすし職人が全国に散らばって、**江戸前握りずし**を広めた。

【その二】第二次世界大戦後厳しい食料品統制が行われ、飲食業の営業が禁止されたとき、東京の『すし組合』が「一合の米と引き替えに加工賃を取り、十かんの握りずしを作る」ということで営業再開の許可の条件とされたため、全国的に**江戸前握りずし**が広まり、現在の**江戸前握りずし**の繁栄に至る。

本書は**江戸前握りずし**を中心にしているが、見回すと、どの時代の「すし」も日本全国に残っているのがわかる。国内を席巻しそうな**江戸前握りずし**だけではなく、日本各地の「すし」を食べていただきたい。舌に楽しいだけではなく、日本各地のことを知り、歴史の勉強にもなる。

コラム ① すし店の形

立ち店

のれんが掛かっている昔ながらの店。

つけ場
カウンターの内側、職人が立っている場所

すし職人

ネタケース
つけ台
カウンター

店の形態は戦後に考え出されたもの。町中にある一般的なすし店の構造は基本的に同じである。店を入るとカウンターがあり、テーブル席や座敷がある場合もある。カウンター奥につけ場があり、客の見えない場所に仕込み場がある。ネタケースの前の一段高い部分がつけ台で、握ったすしをここに置く。すしダネを仕入れ、仕込みなどを店舗内で行い、客の好みを聞き、すしダネの大きさに合わせてすし飯の大きさを加減する。またアルコールを提供して好みの肴を作るなど、回転ずしにはないよさがある。ただし店の内部が見えない、当たり外れがあるなどの欠点も多い。

屋台に始まり、お持ち帰り、店内で食べる店が現れ回転ずしが登場してすしの世界は激変

江戸時代は**売り歩く**、**屋台で立ち食い**、**お持ち帰り**、**座敷で食べる**の四タイプがあり、すし職人は座って握り、屋台では客は立って食べた。昭和になると、すし職人も立つように。戦後、ネタケースが登場し、現在の店内の形ができる。「昔は客が立って食べたため」もしくは「すし職人が立って握る」ため、個人営業の店を業界用語で**立ち店**もしくは**立ちずし**という。

回転ずしは一九五八年に大阪で誕生する。フランチャイズ化されたのが一九六十年代終わりのこと。ベルトコンベアーに二かんのすしをのせた皿が回り、客は好みのものを取って食べる。すし職人が楕円形のベルトコンベアーの中にいて握る**〇レーン**は、基本的に立ち店の形を継承し、価格帯を広げ現在に至る。

平成に入ると、均一価格ですし職人は存在せず、すしダネは既製品、厨房でロボットがすしを作る、客は画面を見ながら注文する回転ずしが登場。これを**Eレーン**という。

これに近年増えている立ち食いの店、六十年代にできた持ち帰りずし、スーパーのすし、宅配のすしなどが加わり、価格もすしダネも非常に多様化している。

014

Oレーン

その土地で揚がる魚介類が味わえるのが楽しい。
鹿児島の地魚が魅力の「めっけもん」

皿の色や模様で値段が違う。ときには立ち店よりも高価なすしダネが回る。

1958年にベルトコンベアーに着想を得て考え出されたもの。基本形は楕円形のベルトコンベアーの中ですし職人が握り、ネタケースがある。すし飯の重さは一定ではなく、すしダネは店舗内で仕込むものと、加工されたもの両方がある。立ち店の形を色濃く残しているのが特徴。誕生時は安さが売り物だったが、最近では価格帯を広げて、立ち店以上に高価なものや、その地域ならではのすしダネを提供している。予算もいろいろ。店によってはアルコールや刺身なども置いていて、料金がわかりやすい。

Eレーン

座席にはタッチパネルがあり、これで注文、精算する。

Eレーンでは当たり前のすしダネ、豚トロのあぶり。

平成に登場。店内にはベルトコンベアーしかなく、厨房は隠れて見えない。のせるだけとなったすしダネを使用し、すし飯の重さは一定。握るのも巻くのもロボット。注文は画面を見て、精算も画面で行う。すしダネを供給する企業は世界中からあらゆる食品を調達し、加工する。魚介類に限らず、肉、野菜なども使う。立ち店の姿はかけらも残っていないが、ワイワイ楽しめて、味も進化中。

赤身

マグロ総論

食用マグロの種類は七種類
マグロの世界は奥深い

マグロとは分類学的にはサバ科マグロ属の魚のこと。世界中の温帯・熱帯域にかけ、広く大洋をエサの魚を求め回遊している。

食用マグロは基本的に七種類。高級すしダネで本マグロと呼ばれる太平洋のクロマグロと大西洋のタイセイヨウクロマグロの二種。それに次ぐ値段の南半球のミナミマグロ。庶民的なメバチマグロ。回転ずしの登場とともに人気が出たビンナガマグロ。西日本に多いキハダマグロ。そしてバケマグロの別称のあるコシナガマグロである。ご祝儀相場の初競りとはいえ、一尾一億五千万円以上にもなる本マグロ、一尾数千円のコシナガマグロまで値段の幅が広い。

マグロは大きいので四つ割にして頭部を取り、
頭に近い部分【上】、真ん中【中】、尾に近い部分【下】
に三等分する。

上
内臓を包んでいる部分が多く中トロ、大トロの比率が高い。ただしすしに使えない血合いや、腹骨があり、筋が多いので、すしダネにすると歩留まりが悪い。

中
内臓を包んでいる部分は少なく大トロは少量しかとれない。赤身が多く、次いで中トロがまとまってとれる。筋、血合いが少なく良質のすしダネがとれる。

下
大トロはなく、中トロも少ない。ほとんどが赤身で筋が多い。三等分した中でもっとも安い。

ホオ　カマ
背上(かみ)　背中(なか)　背下(しも)
腹上(かみ)　腹中(なか)　腹下(しも)

冷凍マグロは専用の電動のこぎりで材木のように解体していく。

マグロの語源は「真黒」。体色が黒いためという説や、血合い肉など空気に長時間触れると筋肉が真っ黒になるためという説も。

016

江戸前握りのよさは、このマグロ全種が食べられること。種類による味のよしあし、生か、冷凍であるかの違い、頭部、中落ちなど部分の味の違いなど、その奥深いマグロの世界を、食べて垣間見ることができる。

マグロのおいしさとは

地中海、大西洋、南半球など世界中から最上の生のマグロがやってくる築地市場大物競り場。マグロは釣り上げたときから、また、養殖ものは水揚げされたときから、同じ側を下にして、絶対に反転などはしない。上になった方が高く、下になった部分が安い。上質の天然ものから数字が書かれ、一番から順々に並んでいる。並ぶマグロの腹、尾、そして尾の一部を削り取るなどし、手でつぶしてみて脂ののり具合を見る。競り時間までの緊張感あふれるひとときだ。

平均的なマグロの断面

マグロの脂ののりは腹の中を触ってみる、尾の断面を見るなど様々。

大トロ
本来は内臓を包み込む筋が多く、非常に脂の強い部分。
中トロ
皮下の脂の強い部分で、養殖ものや旬の大型は背や後ろの部分にもある。
赤身
身体の中心部分にある脂の少ない鮮やかな赤色の部分。
血合い
ミオグロビンなど赤い色素タンパクが大量に含まれ、体内に多くの酸素を送り込む。すしダネとしては利用しない。皮に近い部分は「血合いぎし」という。

赤身

ずらりと並ぶマグロ専用包丁。形はまるで日本刀のよう。

築地場内。競り落としたマグロは素早く下ろされる。マグロを下ろすのは熟練を要し、一人前に下ろせるようになるには十年以上かかるとも。

017

赤身

マグロのすしいろいろ

中落ちを握ったもの。柔らかく、ほどよい酸味がある。すし飯となじんでの後味のよさも特徴。

市販のネギトロを軍艦巻きにしたもの。本来のネギトロは中落ちなどで自家製するものだが、市販のものは数種類のマグロのいろいろな部分を合わせ、食用油などを加えて作られている。メーカーによって味は様々。少々キッチュではあるがよくできていてうまい。

尾

一尾のマグロの部分部分で味が違う、すしが違う

マグロを解体すると、身を上、中、下に分け、そこから冊取りする。そしてすしダネとして切りつけ、握るのが基本である。頭や鰭、尾の部分は捨てられるかというと、さにあらず。本体部位以上の美味がここにある。昔は正規に売るのではなく、大物を扱う仲卸店の店員さんが特権的に手に入れて売ったとも、マグロ本体を買い求めたすし店にオマケとしてつけたともいわれる。これが「はちの身」「ほお身」「カマトロ」「中落ち」「ネギトロ」などで、今ではすべて貴重品となっている。

握りだけでは語れないマグロのすしの多様性

握り以外にも基本的に赤身で作るのが鉄火丼、鉄火巻き。ネギトロの軍艦巻きや、アメリカから逆輸入したカリフォルニアロールなど多種多彩なのである。

タイセイヨウクロマグロのはちの身の握り。全体的に柔らかく、筋も弱い。トロとは違う甘みがあって、見た目以上に脂がある。

中落ちをハマグリの貝殻でかきとる。中落ち、尾、背鰭下などの身をかきとることを、古くは「ねく」「ねぎとる」といったのが、ネギトロの語源。

中落ち
左右中央にあるのが中骨、中骨についている身を中落ちという。

はちの身
「脳天」「頭の身」「頭トロ」などともいう。「八の身」と書く人もいるが、頭部のことを「鉢」というところから「鉢の身」だとも。頭部に2本あり目の上から吻(ふん)にかけての長い円柱形の筋肉。筋が柔らかく脂がある。

ホオ(ほお身)

カマトロ
胸鰭のついた部分で人間では肩の部分に相当する。ここからとれる脂ののった部分をいう。この脂の甘いこと、大トロ以上を思わせる、まさに絶品。

赤身

メバチマグロのほお肉をあぶったもの。筋が強いが、非常にうま味が濃く、その上適度に脂がのっている。

鉄火巻きはすべてのマグロの、どの部位でも作られる。海苔の香りとすし飯、マグロの酸味が一体化してついつい手が伸びるうまさだ。

メバチマグロ赤身の鉄火丼。中トロなどを使ったものはトロ鉄火ともいう。気楽につまむ、というよりは食事ずしで、満足感がある。

本鮪 (ほんまぐろ)

クロマグロ／タイセイヨウクロマグロ

超高級魚で、すしダネの王様

北半球を回遊する、もっとも巨大でもっとも早く泳ぐマグロ

大トロ
うまさに重量感がある。(上) 天然ものの大トロ。しっかりした身質ながら口に入れるとトロっと溶ける。これが強い甘みとなるが、ほどよい酸味もあり、味に深みがある。(左) 養殖ものの大トロ。白濁して見えるのは脂が身に混在するため。室温で溶け始め、口に入れた途端、脂が甘みを放つ。酸味が少なく、まったりしている。

おさかなデータ
スズキ目サバ科
太平洋、大西洋の主に北半球の温帯域に生息
旬：秋から冬
呼び名：2007年に太平洋にいるものを「クロマグロ」とし、大西洋が別種「タイセイヨウクロマグロ」とした。ただし魚河岸ではともに「本マグロ」
食データ：中トロと大トロの値段が高くなったのは昭和になってから。それまではネギとしょうゆ味で鍋物にして食べる庶民の味だった

すしダネで「本鮪」と呼ばれるのは、クロマグロと、タイセイヨウクロマグロの二種のこと。見た目も味もほとんど変わらないので、一般に両種を区別しない。長距離を回遊するので、独特のエネルギー代謝をし、体内にミオグロビンという赤いタンパク質を持つので筋肉が赤い。

本種は、マグロ類でもっとも北方まで回遊する。産卵は夏、寒さを避け暖かい海域まで南下するが、産卵後の親、稚魚はエサを追って北上する。

大型は年々減少、ご祝儀相場ながら一尾で家が買えるくらいに

国内の産地は北海道、青森県、新潟県、宮城県、和歌山県、島根県など。大西洋ではカナダ、アメリカやメキシコ、地中海など。中でも北海道戸井と青森県大間町で水揚げされるのは最上級で、二〇一三年の初競りでは大間産が一尾なんと一億五五四〇万円にもなった。

漁獲量が厳しく規制されるなか、ますます養

020

(高) 中トロ
脂、うま味などもっともバランスのいい部分。筋がなく端正できれいな握り。脂がほどよく口に溶け、酸味もかすかに感じられてマグロ本来のうま味が楽しめる。

(高) 赤身づけ
江戸時代後半、マグロが庶民に受け入れられたときにもっとも好まれた部分。しょうゆにつけて握る「づけ」が本来の形。後味がよく、何かんでもいける味。

(並) メジ腹あぶり
寒い時季が旬だが、一年中味がよく、親の味が落ちる夏場には主役級に。脂は少ないがマグロらしい酸味があり、皮をあぶると独特の風味がある。

季節で味が変わる生
年間を通して変わらない冷凍

大物（成魚）の旬は寒い時期。脂肪をため込んでいるため、大トロがたっぷりとれるが、産卵期（初夏）を過ぎると途端に味が落ちる。魚河岸ではコンニャクマグロと呼ばれて敬遠される。初夏以降、生にこだわるすし店で使われるのが二十キロほどのマグロである。チュウボウと十キロ以下のメジ。ともに旬は寒い時季だが、夏でも味が極端に落ちない。味の深み、脂の量では成魚にかなわないが、さっぱりとほどよい酸味があり、魅力的なすしダネとなる。一方、年間を通じてあるのが冷凍もの、こちらも値段はピンからキリまであり、味もいろいろ。

赤身、中トロ、大トロなどの味を知り、生、冷凍や旬、旬以外などの違いがわかるようになると、まさにマグロ通といえるだろう。

殖が盛んに。近畿大学が成功した稚魚の生産を含めた完全養殖や、小型魚からの養殖などがある。ときに築地大物競場に並ぶほとんどが養殖ものということもあるほどだ。

021

ミナミマグロ

南鮪
みなみまぐろ

夏の南半球産は本鮪よりも高い

大トロ
クロマグロと比べるとほんの少しだけ酸味が強い。深みのある味わいに室温で溶けだしてくる脂の甘さが際立っている。写真は養殖もの。

赤身
非常に味わいが深く、酸味と甘みのバランスが絶妙。うま味が強いのに上品な後味。

おさかなデータ
スズキ目サバ科
太平洋、インド洋、大西洋の南半球に生息
旬：春から夏
呼び名：インド洋でたくさん獲れたので、「インドマグロ」と呼ばれる
食データ：魚では珍しく"食べ時"がある。獲れてすぐよりも、少し置いて熟成させるほうがいい。マグロのプロは熟成の度合を見きわめる

写真：独立行政法人水産総合研究センター

北半球のクロマグロに対し、南半球のミナミマグロ

南半球の中緯度を回遊するため、脂ののる時期は夏で、クロマグロに次ぐ大きさ。戦後に漁場が開拓され、延縄などで盛んに獲っていた。漁業国は日本、オーストラリア、ニュージーランド、南アフリカ、韓国、フィリピンなど。今では乱獲のため数が激減し、厳格な漁獲規制が行われている。これを補っているのが養殖。マグロ類で養殖対象となっているのは本種とクロマグロのみ。

大トロがとれるのはクロマグロと本種のみ？

近年「トロ」という言葉が、「脂がある部分」と同義語になってしまって、マグロ以外にも使われるようになった。本来「トロ」とはマグロの身質のみの言語で、なかでも「大トロ」は本種とクロマグロだけに使われていた。強いうま味に強い酸味があり、本種を好んで使うすし職人も多い。一かんの値段もクロマグロの次に高い。

022

眼撥鮪（メバチマグロ）

単に「マグロ」といったら本種のこと

中トロ
メバチマグロの身質の基本は中トロ。酸味が穏やかで甘みがあり、味わいに絶妙のバランスが感じられる。

赤身づけ
づけにしたもの。濃厚なうま味としょうゆが相乗効果を生み出して、非常に美味。すし飯との相性も非常にいい。

おさかなデータ
スズキ目サバ科
クロマグロ、ミナミマグロよりも暖かい海域で、世界中の熱帯、温帯域に生息
旬：秋から冬
呼び名：魚河岸ではもっぱら「バチ」、もしくは「バチマグロ」
食データ：すしだけではなく、一般的に「マグロのお刺身」というと本種が出てくる

マグロの中のマグロ。普通、マグロと呼ばれるのは本種のこと

赤道を挟んで、北と南半球の熱帯、温帯域を回遊している。なかには重さ二百キロを超える大物もあるが、一メートル前後、百キロまでのものが多い。ずんぐりとした体型で、クロマグロと比べて目が大きく鰭が長い。延縄や巻き網で獲り、漁獲量も多く、ほとんどが冷凍での流通、生は貴重だ。

生バチは値段も高級なら味も絶品。借金しても食べたい

赤身

冷凍と生では値段に大きな開きがある。回転ずしやスーパーで使われるのは主に冷凍もの。生は高級で、特に秋に獲れはじめる三陸ものは高値がつけられる。赤身が多く、中トロもとれる。昔は大トロはとれないとされていたが、最近では内臓を包んだ脂の強い部分を大トロと呼ぶようになった。鮮やかな赤で、見た目がいかにもマグロらしい。酸味が穏やかで、脂の甘さや、うま味も強いので、すしダネマグロの定番だ。

ビンナガマグロ

鬚長鮪（びんちょうまぐろ）

安くてうまい庶民のマグロ。すしダネの新参者

ビンナガマグロの腹身の部分ビントロ。白っぽく見えるのは脂が身にたっぷり入っているため。口に入れるとトロッと溶けて甘い。

ビントロをあぶったもの。脂の甘みやうま味に、香ばしさがプラス。溶け出した脂が持つ、別種の味わいも魅力だ。

おさかなデータ

スズキ目サバ科
世界中の亜熱帯・温帯域を回遊
旬：年間を通して
呼び名：魚河岸でもすしの世界でも「ビンチョウ」、脂がのると「ビントロ」
食データ：本来はツナ缶の材料。ツナ缶消費量日本一は沖縄。素麺と炒めて「ソーミンチャンプルー」が定番料理

羽の生えた小型のマグロ
古くは缶詰の原料だった

　北半球と南半球に分かれて群れが存在している。マグロの中では小型で水揚げされるほとんどが一メートル以下、十キロから二十キロくらいしかない。大型魚ほど前に置かれる、マグロ類の大物競場では、本種は一番後ろに置かれている。胸鰭（むなびれ）が非常に長いのが特徴で、この鰭の形から市場では「トンボ」と呼ばれている。古くからツナ缶の原料となっている。

今や超売れっ子だが
すしダネとしてはもっとも新参者

　もともと産地では脂ののった生のうまさがよく知られ、すしダネにも利用されていた。ただし全国区となったのは、回転ずしが急激に増えた七十年代のこと。脂ののった時期に獲れた本種の腹身の部分を「ビントロ」といい、回転ずしではスター級の人気がある。脂で白濁した赤くないビントロは、脂の甘さが強く、酸味がほとんどない。

024

キハダマグロ

黄肌鮪(きはだまぐろ)

夏に旬を迎え、西日本で人気

赤というよりもピンクといったほうがぴったり。色合い同様軽い味わいで食べ飽きない。

大阪では本がつくマグロの中のマグロ

高知や和歌山など、主に西日本で水揚げされる。関東ではメバチマグロなどに比べ赤みが弱いため、人気がない。暖かい時季が旬で、生は関西を中心に出回り、西日本ではすしダネとしても人気がある。酸味も脂もほどほどで、さっぱりとした上品な味わい。

おさかなデータ
スズキ目サバ科
世界中の熱帯、温帯域に生息
旬：西日本で春から夏
呼び名：大阪ではマグロを「ハツ」といい、いちばん味がいいので「ホンハツ」
食データ：ツナ缶の材料のひとつ

コシナガマグロ

腰長鮪(こしながまぐろ)

マグロの中で最小、獲れる量も少量

さっぱりとしたなかにも、ほどよい甘みと穏やかな酸味がある。意外に食べ始めると止まらないうまさ。

赤身

九州北部、山陰では秋を代表する味わい

九州北部や山陰などで、秋の風物詩的な存在。カツオの獲れないこの地方で、赤身魚として重宝されている。ほとんどが赤身のため、脂の甘さや酸味など、マグロならではのうま味は薄いものの、上品でさっぱりとした味わいに、惹かれる人も多いはず。

おさかなデータ
スズキ目サバ科
西部太平洋、インド洋、紅海を回遊
旬：秋
呼び名：魚河岸では「バケ」
食データ：マグロの中ではもっともローカルなもの。九州、山陰では秋の味覚として楽しまれている

鰹 (かつお) カツオ

江戸っ子が愛した魚だが新しいすしダネ

初ガツオの皮をあぶり握りに。表面に煮切りをぬっている。まだ脂が少ない分、甘みは弱く、皮下にうま味がある。煮切りの微かな甘みと、すし飯の酸味がさわやか。

戻りガツオの生。表面に脂の層があり、これがほんのりと甘く、さわやかな酸味がある。握りとしての満足度が大きい。

おさかなデータ
スズキ目サバ科
世界中の熱帯・温帯域を回遊。日本海にはほとんどいない
旬：春と秋。脂ののりは秋
呼び名：「本カツオ」とも。硬い魚と書くのは古くは鰹節や干物として都などで食べられていたため
食データ：鰹節は太平洋の熱帯域でひろく作られているもの。日本食の原点でもあり、熱帯太平洋の味でもある

春の初鰹と秋の戻り鰹では味がまったく違う

世界中の温帯、熱帯域にいるが、日本近海では春から夏に北上、秋になると南下する。北上するものを俗に初ガツオ、エサを飽食して脂をたっぷりため込んで南下するものを戻りガツオという。江戸っ子が「女房を質に入れても」食べたかったのは初ガツオ。

カツオは新しいすしダネのひとつ なぜなんだろう？

すしの世界では本種を「忙しいすしダネ」というらしい。マグロなどに比べると足が速く、仕入れた日に売り切りたいからだ。このため、その江戸っ子に愛された本種も、すしダネとしては比較的新しい。生では初カツオを皮つきで、たたき風にして握り、戻りガツオはそのまま生でも、もしくはづけにして握る。最近では冷凍流通もあり、身質も季節や大きさで様々。回転ずしなどで安く売られているのは冷凍ものが多く、味は生とは別ものに思える。

026

ハガツオ

西日本ではカツオより愛される

歯鰹(はがつお)

皮と皮下にうま味がある。あぶりにして握れば香ばしさと皮下の甘みが、うなるほどにうまい。

実に味がいいけど鮮度がすぐに落ちる

体長は一メートル以下。西日本に多く、九州ではカツオよりも本種の方が好まれる。赤みが薄いのが残念だが、すしダネとしては一級品。強いうま味、脂の甘さ、すし飯との相性のよさ、違和感のない硬さなど、ローカルな存在としておくには惜しい。

おさかなデータ
スズキ目サバ科
南日本、インド洋・太平洋域に生息
旬：秋から冬
呼び名：関東では「トウサン」
食データ：歯が鋭いので歯鰹と呼ばれる

ヒラソウダガツオ

日本海では「カツオ」といえば本種

平宗太鰹(ひらそうだがつお)

カツオよりも酸味が少なく、皮下のうま味と甘みがすし飯と相性抜群。

秋の脂ののったものは本鮪より上かも

旬の本種のうまさには驚く。皮下の層になった脂が非常に甘く、その下にちゃんと赤身の味わいが隠れているのだから、たまらない。濃厚なのに後味がいい。ほどよい柔らかさですし飯とのなじみも絶妙。秋の大型のものは、間違いなくマグロ以上。

おさかなデータ
スズキ目サバ科
世界中の熱帯、温帯域に生息
旬：秋から冬
呼び名：宮城県では福を呼ぶ「福来(フクライ)」
食データ：北陸では鰹節を作るのに使われる

赤身

スマ

南日本の美味なカツオ

縞鰹（すま）

カツオやマグロの仲間でも屈指の美味を誇るので、まずは酸味をともなう濃厚なうま味、そして後味のよさを味わって産地で愛される1かん。

あまりたくさん獲れない美味な赤身魚

沖縄ではカツオの中でも特にうまいとされているため真ガツオ（まーがちゅー）という。きれいな赤身で、暑い地域ではさっぱりとした味わいが好まれている。沖縄、九州から和歌山などではすしダネとしても人気があり、赤身としてはカジキ類よりも好まれている。

おさかなデータ
スズキ目サバ科
南日本に生息
旬：国産は秋から冬
呼び名：胸鰭の下に黒い斑点があるので「ヤイト」
食データ：沖縄では酢みそで刺身を食べる

メカジキ

身質には大トロ、中トロもある

眼旗魚（めかじき）

独特の風味に強い甘みがあって、単独では粗暴な味わいであるのが、すし飯と合わさると見事に調和する。

白いほど口のなかでトロッと溶けてうま味が強くて甘い

世界中の海で獲れ、体長三メートルにもなる巨大魚。古くから愛されてきた惣菜魚。三陸などではマグロの赤と合わせて紅白の刺身に。マグロのように中トロ、大トロがあって、脂がたっぷりのっているので、人気が高まってきている。

写真：独立行政法人水産総合研究センター

おさかなデータ
スズキ目メカジキ科
世界中の温帯・熱帯域に広く分布
旬：国産は夏から秋
呼び名：「シュウトメ（姑）」「ハイオ」
食データ：コスモポリタンな魚。世界中で食べられている

真旗魚 (まかじき)

マカジキ

古くはマグロは下魚、マカジキは上物だった

一見マグロの赤身のようだが、よく見ると脂の入り方や、色合いがどことなく違っている。口にすると意外に淡泊でありながらうま味が非常に濃い。

腹身の内臓を包む薄皮をあぶったもの。脂がほどよくのり、あぶった香ばしさも心地よい。すし飯とのなじみもいい。

写真：独立行政法人水産総合研究センター

おさかなデータ

スズキ目マカジキ科インド洋・太平洋の熱帯から温帯域に生息している。カツオなどもエサとする肉食魚

旬：秋から冬

呼び名：北陸では「サワラ」

食データ：築地のマグロ売場は日々注目の的だけど、同じ大物でもカジキの競場はひっそりとして寂しい。昔はカジキの方が人気者だったのだけど……

見た目は典型的な赤身だが味は上品で高貴

江戸時代、マグロは庶民が食べる下魚だったが、本種は大名・殿様の膳にも供せられる上物だった。今でも高級料亭の中には「マグロよりもマカジキ」というところも多い。

赤身なのにあっさりと品のある味わいで、後口がいい。すし飯と合わせてもやや淡泊なので、脂志向の現代では今イチ人気薄。

ただし、国産の上物を食べると、そのうまさに驚くこと受け合い。マグロとはひと味違ううまさがある。

網でも釣りでもない突きん棒漁のカジキ

日本各地の漁港で、舳先が異様に長い「突きん棒船」を見かけることがある。水面近くを泳ぐカジキを、長い銛で突き仕留めるのだ。これは国内でももっとも勇壮な漁であり、これで仕留めたカジキは高値で取引される。すしダネとしても、かなり美味。

赤身

コラム ② サーモンについて

養殖名
シナノユキマス
種名
コレゴヌス・マレーナ
原産地
東部ヨーロッパ、ロシア
養殖地
長野県

コレゴヌス。握りを見てもサケの仲間だとは思えない。「脂ののったタイだね」と言ったすし職人もいる。非常にうま味と甘みがあり、すしダネとして上々なのだ。

身の色が「サーモンピンク」だからサーモン 世界中を征服してしまいそうな養殖サケ

国内で食されているサーモン（サケ科）は、太平洋側に標準和名の**サケ**、国内ではほとんど獲れない**ベニザケ**、資源的にはもっとも多くサケ缶の原料になる**カラフトマス**、ほとんどすべてが養殖されたものである**ギンザケ**と**ニジマス**。これに大西洋の**タイセイヨウサケ**（**アトランティックサーモン**）が加わり、**計六種**。キングサーモン、サクラマスなどもあるが、この六種に比べると、量的には少ない。

サケ類にはアスタキサンチンという、抗酸化作用などで注目を浴びる物質を持つものと、持たないものがある。アスタキサンチンは赤い色素でサーモンが「サーモンピンク」をしているのは、この物質のため。国内でのサケは「サーモン＝アスタキサンチンをたっぷり含む赤い身を持つサケの仲間」と考えるとわかりやすい。

サーモンで世界的に養殖されているのは**ギンザケ**、ニ

標準和名
イワナ
生息域
四国をのぞく、九州から北海道の河川上流部
養殖地
日本各地

イワナ。活け締めを握ったもの。見た目からして白身。でもしっかりサケ的な味わいがある。養殖なので脂がのり、甘く、すしダネとしても優れもの。

サケの仲間は赤身ばかりではない！

ジマス（流通上はサーモントラウト）、タイセイヨウサケの三種類。

ニジマスとギンザケは国内生産もあるが、多くがチリやノルウェーなどから、**タイセイヨウサケ**はノルウェー、アメリカ、オーストラリアなどから輸入されている。すしダネとしてはニジマスとタイセイヨウサケが多く、ギンザケは少ない。なかでも世界的に増大しているのがニジマス。サーモントラウトという名の人工的に作り出された、海で養殖されるニジマスで、すしダネ界の王座からマグロを追い落とす勢いで人気を増大させている。

世界中にはサーモン以外のサケもいて、すしダネとなっている。それがユーラシア大陸にいる赤身ではないコレゴヌス（写真右ページ）と、国内にもいる海に下らないサケの仲間。**コレゴヌス**は長野県や福島県で養殖されていて、国内でも食べられる。海に下らない（陸封化された）サケの仲間は**ヤマメ、アマゴやイワナ**（写真上）など。これも天然ものは少なく、ほとんどが養殖もの。ローカルなすしダネになっている。

タイセイヨウサケ

アトランティックサーモン

これぞ、ヨーロッパのサーモン

口に入れるや表面がとろけてきて、ほんのりサケの風味があるが、これがまた心地よい。

おさかなデータ
サケ目サケ科
大西洋、北極海に生息
旬：養殖なので年中
呼び名：一般的に「サーモン」
食データ：現在、多くのサケの仲間が養殖されている。本種はもっとも早い時期にノルウェーで養殖された。世界中の魚食地図を塗り替えた魚でもある

サーモンは主に本種を指す言葉で大西洋沿岸で生まれた

ひと口にサーモンといっても大西洋のサケ類と、太平洋のサケ類は別属。サーモンの語源となったのは大西洋のサケ類で、本種はその代表的なもの。ギンザケとともに古くから養殖が行われている。食用として輸入されているものは養殖もの。産地はノルウェー、オーストラリアのほか続々と増えている。ギンザケ、サーモントラウトとともに三大輸入養殖サケと呼びたい。

輸入ものなのに冷凍ではなくチルド状態でやってくる

「輸入魚＝冷凍もの」というのが当たり前だが、本種は産地からチルド状態で、航空便で入荷されてくる。一度も冷凍していないので、比較的いい食感をしており、脂がのっていて色合いも美しい。握りでも、"もうひとつのサーモン"であるサーモントラウトと比べると、味の評価、値段的にも上のクラスとなっている。

ニジマス

サーモントラウト

人工的に作り出した養殖魚

基本形の生の握り。ほどよい柔らかさ、脂からの甘みがあり、すし飯との一体感もある。現代のすしの世界では定番の1かん。

軽くあぶったサーモンにバジリコ風味のジェノベーゼをのせたもの。こんなイタリアンなものが意外に合うのである。

おさかなデータ
サケ目サケ科
基本的にニジマスだが、自然界には存在しない
旬：養殖なので年中
呼び名：一般的に「サーモン」「トラウト」
食データ：スーパーなどで売られているサーモンの切身、刺身などはほとんど本種

人間が作り出した海面養殖用のニジマス

英語で、海に下るサケの仲間を"サーモン"、一生淡水で暮らすものを"トラウト"という。本種は、このサーモンタイプのニジマスと、トラウトタイプのニジマスを掛け合わせたもの。九十年代後半、養殖サケは天然サケを生産量で上回ったが、本種はその立役者ともいえる。産地はノルウェー、チリなど。基本的にフィレやドレス（→P214）で冷凍輸入されている。

回転ずしのサーモンは本種だと思え

スーパーのすし、回転ずしなどで単にサーモンといわれるのは本種のこと。生産量が安定しており、安くて味がいいので、年々人気に。赤色の握りの代表格になりつつある。赤みが強く、サケ特有の臭みもほとんどない。比較的低価格なのでマヨネーズやチーズと合わせたり、あぶりにするなど、非常に多彩。

ギンザケ
銀鮭(ぎんざけ)
養殖サケはギンザケから始まった

宮城県女川産の生を握ったもの。まず、色の美しさに感激し、味のよさにまた感激する。

おさかなデータ
サケ目サケ科
北大平洋に生息。天然ものは国内海域にはいない
旬：春から夏
呼び名：単に「ギン」
食データ：日本向けのサケがチリで養殖されるようになって久しい。一時期、コンビニおにぎりの鮭のほとんどが本種だったことも。ただし、宮城などの国産が味は上。

日本の海域には生息しない
養殖サケの花形

　国内に生息するサケよりもより冷たい海域にいて、北の河川に遡上する。古くは北洋での漁で水揚げされた天然物が国内に出回っていたが、近年天然ものはほとんど見かけない。海面でのサケ養殖を始めたのは世界中で日本がもっとも早く、その主役が本種。宮城県で養殖し、出荷するまでになったとき、養殖技術をチリに移植。今では国産よりもチリ産の方が主流となっている。

サケの違いがわかれば
"通"となる日も近い

　ニジマスは国産が少なく、すしダネとしてはほとんどが輸入もの。一方、本種は宮城県などで養殖された国産ものがすしダネになることが多く、「伊達のぎん」などブランド化されたものもある。生で流通しているので食感がよく、赤の発色も見事である。現在のすしの世界では「サケの味の違いがわかる人＝通」となる日も近い気がする。

034

サクラマス

桜鱒(さくらます)

サケ科のなかでも、もっとも高級品

急速冷凍し、一定期間保存したものを握りに仕立てたもの。なんといってもうま味が強く、ほどよい甘みがある。

おさかなデータ
サケ目サケ科
神奈川県、山口県以北、北海道の河川に遡上
旬：春から初夏
呼び名：一般的に「マス」「本マス」
食データ：桜が咲く頃に獲れるので桜鱒。山形県などではハレの日のごちそうとなる。また、富山県名物「ますのすし」の"ます"は本来は本種

北陸、東北に春の訪れを告げる魚

江戸時代以前、マスといったら本種一種類のことであった。現在でも標準和名では なく「本マス」と呼ばれることが多い。同じサケ科の魚には日本海や東北、北海道の河川で生まれ、そのまま一生を淡水で暮らす陸封タイプ（ヤマメ、アマゴ）と、本種のように海に下る降海タイプがある。本種は桜の咲く季節に漁の最盛期を迎えるので、この名があり、ひな祭りなどに食べるなど、食文化上も重要な魚である。

一度冷凍したものを握る

生で食べるとトップクラスの味だが、寄生虫の危険があるので念のため水揚げしてすぐに冷凍して一定期間置き、すしダネに。旬の時期は脂があるので、冷凍してもあまり味が落ちない。富山県の名物「ますのすし」の古くからの原料でもある。身がしっとりして脂が甘く、上品な味わい。切りつけて美しい。日本海側では重要なすしダネ。

サーモン

035

サケ
イクラ
サケの卵は親よりも貴重なすしダネ

塩イクラ
ほぐした筋子を塩漬けにしたもの。サケの卵ならではの、濃厚でジューシーな味わいをシンプルに楽しめる。

しょうゆイクラ
塩イクラよりマイナー。水分が多いので出前などに向かないが、マイルドでしょうゆのうま味が加わって非常にうまい。

おさかなデータ
サケ目サケ科
九州以北の日本海、利根川以北の太平洋に流れ込む河川に戻る
旬：生は夏から秋
呼び名：ほぐしていないものは「筋子」
食データ：古くはとてもローカルな食べ物だった。塩やしょうゆに漬ける現在の形ではなく、汁ものの具にしたり、煮たりしていた

軍艦巻きの登場とともに生まれた新しいすしダネ

古くは、サケの卵は新巻鮭などを作るときの副産物として、北海道など産地のみで消費されていた。日本の漁師達がアムール川河口付近に入植したのが明治期。ここでサケを獲り、国内に出荷していた。まだこのときは卵は出荷できず、キャビア（チョウザメの卵）を塩漬けにしていたロシアに加工法を教わることに。イクラとはロシア語で魚卵のこと。この言葉が日本に定着したのはこんな歴史があったため。

イクラは赤いキャビア
食べ方はロシアからきたもの

すしダネとして使われるようになったのは「軍艦巻きの発明」と「放流でサケが増えた」「アメリカなどから輸入されるようになった」ため。成熟するとピンポン球と呼ばれるほどに硬くなるので未成熟で鮮度のいいうちに加工したものが上物。基本的には、塩漬けやしょうゆ漬けを軍艦巻きにする。

036

ニシン

数の子・子持ち昆布

もともとは年越しの食べものだった

数の子
こりこりして、噛めば噛むほどうま味がしみ出してくる。そこにすし飯が合わさったとき、なんともいえぬ味わいが生まれる。

子持ち昆布
数の子の濃厚なうま味に昆布の穏やかな甘みと味がプラス。最上級の味がダブルで味わえる。

おさかなデータ
ニシン目ニシン科
千葉県以北の太平洋、島根県以北の日本海に生息
旬：なし
呼び名：ニシンのことを東北・北海道などでカドと言った。それで卵を「カドの子」といい、これが変化して「数の子」に
食データ：お正月には子孫繁栄を祈って食べていた。おめでたい食べ物なのだ

一時は"黄色いダイヤ"などと呼ばれ、超高級品に

日本海や東北、北海道で揚がる産卵期のニシンからとれる卵巣を、干したり、塩漬けにしたものが「数の子」。産卵して海藻に分厚い層を作ったのを「子持ち昆布」という。親のほうは庶民的な魚だが、子はおせち料理に使われるなど、古くから高級なものであった。高級な数の子が"黄色いダイヤ"と呼ばれ高騰したのは、戦後ニシンがぱったり獲れなくなったため。現在、資源は徐々に回復しているが、市場に出回るほとんどがカナダなどからの輸入品だ。

古くからのすしダネだが安い輸入品が人気に火をつけた

数の子も子持ち昆布も古くからのすしダネとなっていたようだ。握りとしても高級品だったはずだ。これを庶民の手に届くものとしたのが、輸入ものの存在。基本的に塩抜きと味つけをして、すしダネとする。職人が丁寧に作ったものは美味この上ない。

魚卵

トビウオ

飛び子（とこ）

今や輸入ものがほとんど

やや甘口の飛び子を軍艦巻きに、というのは最近の流行り。口の中のあちこちではじける食感を楽しむ。

軍艦よりもちらしずし彩りに使うものだった

古くは日本料理の彩りに使われていたが、今では回転ずしなどの軍艦巻きが定番に。

本当の色はくすんだベージュで、赤く着色しているのがほとんど。プチッとしてほどよい塩味が、すし飯とよくなじむ。キュウリやウド、マヨネーズと合わせてもうまい。

おさかなデータ

ダツ目トビウオ科
世界中の亜熱帯・温帯域を回遊
呼び名：西日本では「とびうおのこ」という。これが「とびこ」に
食データ：もともとは初夏に北上してくるホソトビウオという魚の卵が主だった

カラフトシシャモ

カペリン子

シシャモの仲間の子

イカそうめんに濃厚なカペリン子を合わせたもの。濃厚すぎる味わいをイカの甘さが穏やかに。

国内ではほとんど獲れない北欧生まれの新しい味

シシャモやカラフトシシャモ（カペリン）の身と卵に共通する甘み。これがやみつきになる根源。ほかの魚にはない複雑なうま味で、すし飯との相性が不思議とよい。濃い味なのでイカやキュウリなどと合わせて、おもしろい味になる。

おさかなデータ

サケ目キュウリウオ科
太平洋、大西洋の亜寒帯に生息
呼び名：昔は「シシャモ」と呼ばれていたので、卵も「シシャモ子」
食データ：シシャモは実は高級なもの。なんとなくシシャモだと思っているのがカラフトシシャモであることが多い

038

スケトウダラ

鱈子（たらこ）

親より人気。塩漬けか明太子で味わう

軍艦巻きに詰め込むと濃厚な味で塩辛いのでキュウリを挟む。インパクトのある味で病みつきに。

おさかなデータ
タラ目タラ科
山口県以北の日本海、宮城県以北の太平洋、北海道に生息
呼び名：赤いので「紅葉子（もみじこ）」の別名もある
食データ：親は鮮魚よりも、すり身になりかまぼこになる

塩漬けか明太子を軍艦巻きか巻きずしで

国産の塩漬け、韓国の唐辛子が効いた明太子、どちらを選ぶのかはお好みで。軍艦巻きか、巻きずしにする。

上物ほど苦みが少なく、ねっとり、ほんのり甘い。非常にうま味が強く、濃厚なのでさっぱりしたキュウリなどを合わせてもうまい。

マダラ

真鱈子（まだらこ）

鱈子よりずっとローカル

渋みもクセもなく、まったり穏やかな味わいで、優しい味。すし飯との相性もいい。

おさかなデータ
タラ目タラ科
山陰以北、常磐以北の太平洋に生息
呼び名：「特大鱈子」で売っていることも
食データ：親は世界的に人気があり、白子は超高級食材でもある

とてもローカルな珍しい食材

スケトウダラの子であるタラコに比べ、とてもマイナーな存在。産地以外でマダラコは滅多に見かけない。残念ながら知らない人も多い。

大味だといわれるが、軍艦巻きにして、そのまったりとした優しい味を食べると、これもいいものだ、と思うはず。

コノシロ

小鰭(こはだ)

江戸前ずしの基本、すし通への入り口

新子(しんこ)(体長4〜10センチ)
まだ生まれたばかりで口に入れるとふわっと溶ける。溶けながら甘く、青魚らしい味があって、うまさがめまぐるしく舌に踊る。

左は体長10センチの「こはだ」。右は体長4センチの「新子(しんこ)」。

おさかなデータ

ニシン目ニシン科
新潟県、仙台湾以南に生息
旬：小鰭は秋。成長段階を追って年中
呼び名：「ツナシ」「ハツコ」
食データ：握り以外にも兵庫県姫路市では押しずし、熊本県天草では姿ずしに。すし飯のかわりにおからを使ったすしもある。本種はすしの魚の代表

食べる地域、食べない地域がある
内湾生の小魚

内湾に普通に生息する小魚で、これを食べる地域と食べない地域が極端に分かれる。江戸前ずしのように主役級なのは珍しい。春の新子の代表的な産地は鹿児島県出水市、愛知県三河湾、静岡県浜名湖など。

小さいものほど高い
魚類では珍しい逆出世魚

江戸前ずしを代表するもの。成長にともない名前が変わる魚を出世魚というが、本種は逆出世魚。稚魚である「新子(しんこ)」の走りに高値がつくため、初夏の初物の値段は魚河岸最大の関心事。「こはだ」「なかずみ」「このしろ」と、徐々に安くなる。魚河岸では「こはだ」サイズが尊ばれるので、これがすしダネの基本的名称となっている。

江戸時代以来、屋台店などで売られた並ネタ、酢じめが基本形。季節や脂ののり具合などで塩加減、酢に漬ける時間など、職人の腕がわかるすしダネとされている。

040

こはだ
(体長10〜14センチ)
筋がなく端正できれいな握り。脂がほどよく口溶けする。酸味がかすかに感じられて本来のうま味も十分に口に広がる。

なかずみ
(体長15〜18センチ)
こはだ、このしろの中間の大きさという意味合いか？ 育ちすぎで小骨が気になるが、いちばん味わい深い。意外に通好みのすしダネ。

このしろ
(体長18センチ以上)
頑固なすし職人は見向きもしない。小骨が多くて大味というが、実は味がよく、皮目に独特の風味がある。

光りもの

すし一かんの重さと値段

写真は重さ五グラム、五尾で一かんとなる。すしダネの原材料の重さ二十五グラム。六月の購入時百グラム七千六百円だったので、すしダネ原価千九百円。慎重に触っても崩れてしまう新子を一人前のすし職人が数時間かけて仕込んで、さて値段はどうなる？

注)すしダネの体長は絶対的なものではなくひとつの目安

マイワシ

鰯（いわし）

今や上物の仲間入り、梅雨時から秋の主役ネタ

夏から秋にかけて、本種の脂は皮下に分厚い層を作る。口に入れた途端脂が溶けて甘みを感じさせ、さらに脂の下にはちゃんと青魚らしい味わいを感じさせる。

旬を外して脂のないものは酢じめにして握る。光りもののうまさに醸造酢のさっぱりした酸味とこくが加わり、すし飯を甘く感じる。

おさかなデータ

ニシン目ニシン科
沖縄をのぞく日本全国の海に生息
旬：梅雨時から秋
呼び名：魚河岸では体にある斑点から「七つ星」などと呼ばれる
食データ：たくさん獲れる時期と、獲れない時期が数十年周期でやってくる。獲れない時期には1尾3,500円もした

紫式部も愛した庶民の味。マダイよりも高いときもある

日本列島をぐるりと取り巻くように回遊している。マグロやカジキなど肉食魚のエサとなる。イワシはプランクトンを食べているので「海の草食動物」などともいわれている。日本人にはなじみ深い魚で、干物や煮干しなどに加工される。下魚などと言われる反面、紫式部も好んで食べていた（？）とも。数十年単位で豊漁期と不漁期の波があり、不漁期には高騰し、実際にマダイよりも高いことも珍しくない。

"魚へんに弱い"は獲るとすぐに死にすぐに鮮度が落ちるため

鮮度落ちが早く、古くから熱を通す料理には使われるが、刺身で食べられるのは産地だけの特権だった。それが流通の発達とともに都会でも刺身が普通に。梅雨入りとともに味がよくなり、寒くなると味が落ちてくる。今でも季節感を強く感じさせてくれるすしダネである。

042

ニシン

鯡（にしん）

鮮魚より加工品が主役

酢じめ。真冬に北海道より入荷のものを軽く酢で締めたもの。鰯よりも軽く、上品な味わい。

北海道のご当地ネタが徐々に他の地方でも人気に

北海道などのご当地ネタだったが、味がいいので徐々に他の地方でも人気に。味の特徴は青魚特有のうま味の強さ。甘みもあり、酢じめにしても本来の味を強く感じる。

秋に出回る日本海ものや三陸ものなど、鮮度のいいものがあるとすし職人の目の色が変わる。

おさかなデータ
ニシン目ニシン科
千葉県、日本海以北に生息
旬：秋から春
呼び名：アイヌ語で「ヘロキ」
食データ：漢字魚へんに非（あらず）は、昔松前藩が米の代わりに年貢として徴収していたため

キビナゴ

黍魚子（きびなご）

銀色の帯をした王子様と思うべし

手開きにし小さいので2枚づけにしたもの。銀色の帯がきれいで、味が濃厚。薬味はネギ、しょうが。

九州人がこよなく愛している小さくて美しい魚

産地九州では定番のすしダネ。体に走る銀色の帯は、皮を引いてもきれいに残る。味もよいが、小さいので、数尾合わせて使う。

残念ながら、生の握りは産地が近くないと日常的には食べられないが、一度食べたら、また九州まで食べに行きたくなる。

おさかなデータ
ニシン目ニシン科
南日本に生息
旬：秋
呼び名：「キミイワシ」「ハマゴイワシ」
食データ：九州では鍋もの、干物、天ぷら、刺身に、と本種のない食生活は考えられない

光りもの

サヨリ

針魚(さより)

春の江戸前では今もたくさん獲れている

白身に一本の青い筋が見た目にも美しい。口に放り込むと背の青い魚に近い濃厚なうま味と甘みがあり、ほんのりと苦い後味が「春の味」を感じさせる。

酢であらって片身づけにしたもの。折り曲げた部分におぼろを乗せるのが伝統的な形。ほんのり苦みを感じて、そこに甘いおぼろがくる。絶妙の取り合わせといえそう。

酢じめ。これを鉢巻きという人がいるが、正しいのかどうかは不明。さっぱりとした中に、サヨリ独特の風味があって、やみつきになる味。

おさかなデータ
ダツ目サヨリ科
北海道〜九州に生息
旬：冬から春
呼び名：大きいのを「閂(かんぬき)」
食データ：まことに美しい魚、だけどお腹をさくと真っ黒け。魚河岸で腹黒い人のことを「サヨリのような人」という

江戸前を代表する魚
今でも東京湾で健在だ

穏やかな海域の海面近くを、細長く突き出た下あごで、小さな甲殻類などをすくい取りながら泳ぐ。体が透明なのは、肉食魚から見えにくくするため。浜名湖、瀬戸内海、北陸、若狭湾などが産地。江戸前内房でも、春になると漁が盛んになる。春のサヨリは「苦味」という。石川県では本種を「花見魚」などとも。厳寒を過ぎ徐々に暖かくなってくると、不思議にセリや三つ葉、貝、本種の苦みがいい。塩焼きもうまい。

きれいで、うまいだけじゃない
独特のほどよい苦みがいい

江戸っ子好みの姿のいい魚で、握りそのものも美しい。透明感があり、一見して白身だが、実は背の青い魚の強いうま味と、持ち味の、ほどよい苦みがある。細長く美しい見た目なので、すし職人が様々な意匠を凝らすことでも有名。また、おぼろなどを挟んだり、乗せても美しい。

044

サンマ

秋刀魚（さんま）

脂の層の厚みに、季節の移り変わりを感じる

脂が層になっている旬の9月。口の中でとろけて濃厚な味わい。これを大葉の香りが和らげてくれる。すし飯との相性も抜群にいい。

日本海の脂のないのを酢じめにして握ったもの。さっぱりして淡泊だが、サンマらしいうま味は強い。

おさかなデータ
ダツ目サンマ科
日本各地に生息
旬：秋
呼び名：「サヨリ」「サイラ」
食データ：サンマには、太平洋ものと、日本海ものの2群がある。普通サンマといえば太平洋のもの。日本海のサンマは脂が少ないので、実に目立たない

日本各地に生息するがもっとも重要なのは太平洋群

日本列島を南北に回遊。比較的暖かい海域で産卵。生まれて間もない稚魚は針子と呼ばれ鉛筆よりも細いサイズ。これが徐々に成長しながら北上する。七月、北海道東沖での漁の解禁当初には、小型船での操業で「初サンマ」として非常に高値で取引される。これが八月の灯火で寄せて大型船で大量にすくい獲る漁法になると、途端に値が下がる。生で食べるようになった歴史は浅く、刺身は前世紀までは珍しいものだった。それが流通の発達でありふれたものに。

初サンマで始まり脂の層が厚くなる初秋が旬？

北海道で初サンマが揚がると、翌日には全国に並ぶ。すしダネとしても走りの時季で、脂は少ないものの、高価な握りとなる。これが徐々に脂がのり、東北でも水揚げされるようになる秋口には脂の層が分厚くなり、まるで大トロのような食感に。

光りもの

045

マサバ

鯖 さば

「安いすしダネ」であったのははるか昔

酢じめ。脂ののった秋のサバを酢じめにしたもの。口の中で軽くくずれて甘く、酢の香り、酸味がさわやかで後味がいい。

養殖サバ。まるで大トロ。室温に置いただけで表面の脂が溶け出してくる。口に入れると、当然とろりと溶け、非常に甘みがあって濃厚な味わい。

おさかなデータ
スズキ目サバ科
日本各地に生息
旬：秋から冬
呼び名：「本サバ」「平サバ」
食データ：サバは百薬の長。血液をサラサラに、成人病を予防し、眼がよくなり、皮膚がすべすべになり、頭までよくなる、とされている

古くは地味すぎる存在だったが今や輝けるスター

日本列島周辺を南北に長い距離を回遊するタイプと、比較的狭い地域を回遊するタイプがあり、一般に後者が美味とされている。古くは焼くか煮るか、酢じめにするかだったが、最近では生で食べることも。この一大革命を起こしたのが八十年代に活け締めでの出荷が始まった「関さば」。産地だけで食べられていた刺身が、関東などでも認知され、超高鮮度魚に生まれ変わった。今では日本各地に高鮮度化されたものや、養殖ものが続々と登場している。

江戸前握り誕生以前からのすしの魚 基本の酢じめ、生、あぶり

すしダネには、脂がのり、鮮度のいいものが選ばれる。産地は神奈川県、千葉県、東北、大分県など無数にある。基本形は酢じめだが、最近では生を使った握りも珍しくはない。また養殖ものは、まるで大トロのように脂ののったものもある。

ゴマサバ
胡麻鯖
マサバよりも、少しだけ暖かい海域にいる

三重県の巻き網漁船が水揚げしたものを酢じめにした。初秋で脂があり、濃厚なうま味を酢と酢飯で上品にまとめ上げて、まことにやみつきになる1かんに。

定置に入ったものを生きているうちに首を折って即死させたもの。弾力が強く、噛みしめるとシコッとした食感がある。すし飯とのなじみはイマイチとはいえ、非常にうまい。

おさかなデータ
スズキ目サバ科
北海道南部以南に生息
旬：産卵期が長く、年間を通していいものがある
呼び名：「丸サバ」
食データ：そばのつゆに使う鯖節は本種が原料。おいしいそばの決め手は本種にある

もともと安い魚だったが産地がうまい魚だとアピール

北海道以南の日本列島を回遊しているが、温かい海域に多い。沖合海面近くを泳いでいるので「浮きサバ」の別名も。本来は節や干物などに加工されることが多い魚だが、近年温暖化のためか漁獲量が増えており、鮮魚で見かける機会が多くなった。

本種の価値を変えたのが高知県土佐清水市の「清水さば」と、鹿児島県屋久島の「首折れさば」。ともに生で食べられるもので、これに続けと各地で高鮮度化が進む。

マサバの代用品から脱却 生の握りは高級なすしダネに

宮城県沖などでは脂ののったものを急速冷凍するなど工夫を凝らし、生食可能なものも見られる。酢じめだとマサバの代用的だが、生の握りはむしろ本種の方が本家筋に当たる。シコシコと心地よい食感の生は高級すしダネ、酢じめは並ネタとなる。生の握りは究極の美味。

光りもの

047

マアジ
鰺（あじ）

昔は酢じめが定番だったが今は生

島根県浜田市の「どんちっちあじ」。脂質10パーセントの大トロ状態。口に入れた途端体温でとろけ始め、すし飯とすぐになじむ。あっという間に口の中から消えてしまう。

酢じめ丸づけ。小ぶりのアジを酢で締めて丸のまま握ったもの。小ぶりでも脂があり、ほろりと口の中で崩れて甘みがある。酸味がさわやかな後味を作る。

おさかなデータ
スズキ目アジ科
北海道南部から東シナ海に生息
旬：春から夏
呼び名：「本アジ」「平アジ」
食データ：魚河岸のお兄さん曰く「味がいい」から「あじ」になったとか。いろんな説があるが、確かに煮干しにもなり、うま味たっぷりなので、「味がいい」説がいちばん正しそう

生で食べる習慣は意外に遅く高度成長期になって全国的に

日本列島の沿岸に普通に見られる。沖合にいる黒く細長いタイプよりも、比較的浅場にいて小ぶりで黄色く丸みを帯びたもののほうが味が良く、高値で取引される。

日本全国にブランドアジがあり、産地名だけで値が跳ね上がる淡路島産のほか、脂質を測って出荷する島根県浜田市の「どんちっちアジ」、活け締めで出荷する大分県大分市佐賀関の「関あじ」、長崎県の「旬あじ」、宮崎県延岡市の「北浦灘アジ」、愛媛県伊方町の「奥地あじ」など年々増加中。

古くから光りものの代表格
酢じめにしたり生で握ったり

江戸前東京湾にも多くいる魚で、古くから代表的な光りもの。基本的には酢じめで握る。生が主流になるのは高度成長期以降、高鮮度での出荷に拍車をかけた。「旬の春から夏にかけては生で、それ以外は酢じめで」という頑固な職人も少なくない。

マルアジ

丸鯵(まるあじ)

代用品扱いされるにはもったいないうまさ

血合いが大きいのが難点だが、この部分に味がある。皮下の甘みのある脂と、血合いの微かな酸味が織りなす美味が特徴なのである。

小ぶりなものを酢じめにして皮つきで片身づけに。さっぱりとして小粋な味だ。酢飯のさわやかな味と甘みがよく合い、食べ出すとやめられなくなる。

おさかなデータ

スズキ目アジ科
南日本に生息
旬：秋から夏。味があまり落ちない
呼び名：「青アジ」
食データ：テレビなどで堂々とマアジと紹介されていたりする。これを魚河岸人は笑うが、プロだってときどき間違うことがある

光りもの

アジはアジでもマアジとは属が異なる。暖かい海域のアジ

比較的暖かい海域に生息。マアジとは違い、アジ科でももっとも多くの種を含んでいるムロアジ属である。鮮魚店、スーパーなどで「マアジ」として売られていることもあるが、マアジよりも値段が安く、そのうえ味がいいので偽って売る必要はない。

代表的な産地もブランドもないが、巻き網で大量に獲ったものより、定置網などに入って丁寧に処理したものが上物。

マアジの味が落ちる秋から真冬にも脂のあるものがある

年間を通してあまり味が落ちない。マアジと比べて安いなど、庶民的で重宝なすしダネのひとつ。安いのは血合い部分が多いため、やや酸味が感じられるが、これがアジらしい味に。マグロやカツオなど赤身のよさを加味したと考えるべきだ。小ぶりのものは酢じめにし、大きくなったら生などすしダネとしても多彩。

049

カイワリ

貝割
アジ科なのに鯛の形。白身と青魚の味を兼ね備える

まるでシマアジのよう。違いは脂ののり具合。脂が身全体に混じり込み白く見える。口に入れるととろりと甘く、端正なうま味が追って感じられる。すし飯とほどよくなじみ、見事な握りだ。

皮つきのままあぶり、握ったもの。皮が香ばしく皮下の脂が溶け、濃厚な甘みとうま味が口に入れた途端はじけるよう。すし飯が後味のよさを演出。

おさかなデータ
スズキ目アジ科
南日本に生息
旬：春から夏
呼び名：「銀アジ」「メッキ（鍍金）」「ピッカリ」と、すべて光り輝く呼び名がつく
食データ：神奈川県相模湾では「カクアジ」と呼び、名物となっている

アジの仲間では異端児 深場にいて、ほかに仲間がいない

比較的暖かい海域の深場にいる、まん丸い形の可憐な魚。その見た目の美しさ以上に、味の良さで有名。人によってはシマアジ以上に美味との評価も。

主な産地は駿河湾以南で、九州などからまとまって入荷してくる。相模湾周辺では特に本種を好み、名物にもなっている。量が少ないのでほとんどが産地周辺で消費されるが、東京などでも味のいいことは知られている。一年を通して味が落ちない。

光りものと白身の中間的な味 アジらしくない端正な味

小さくても味がよいため、魚河岸には手のひらサイズから入荷してくる。

切りつけたときの美しさ、ほどよい硬さ、すし飯に負けない味の個性があり、すしダネとして最上級品。元々は産地周辺でのすしダネだったが、都市部でも人気が高まっている。

050

シロギス

鱚（きす）

砂浜の貴婦人と呼ばれる江戸前の上ネタ

体長20センチほどのものを片身づけにしたもの。鮮度がいいと身に透明感がある。味は上品でいながらうま味が強く、すし飯に負けない。柑橘類や塩もおすすめ。

江戸時代以来伝統の酢じめにしての丸づけ。開いて尾をつけるのは古い形のひとつ。あっさりとしていて味がある。すし飯と調和がとれた、端正な握りだ。

おさかなデータ

スズキ目キス科
北海道南部以南に生息
旬：春から夏
呼び名：似た魚にアオギスがいて、あまり味が良くない。これに対して「本ギス」、大型を「ヒジタタキ」
食データ：江戸前ずしにも欠かせないネタだが、江戸前天ぷらでも大スター。特に初夏に食べるキスの天ぷらは絶品

江戸時代には非常に贅沢で高級料亭で出たり、贈答物になったり

日本列島の比較的浅い砂浜地に普通に見られる。江戸前東京湾では古くからなじみ深い小魚だが、残念なことに大量に獲れない。すしだけではなく天ぷらや高級料理店の吸い物椀に使われるため、魚河岸では常に品薄感があり、常に高価である。

代表的な産地は三河湾、瀬戸内海や新潟県日本海など。国産だけでは足りないので、東南アジア、南半球からの輸入ものもある。

「江戸前」という言葉がこれほど似合う魚も珍しい

東京都心からの近場で、まだ水揚げがある現役の江戸前。小魚を利用することから生まれた、江戸前ずし誕生以来のすしダネでもある。一尾で二かんの片身づけ、一かんの丸づけができるので人気が高い。古くは皮つきでさっと酢で締めて握っていたが、最近では皮を取り、生のままで使うことが多い高級ネタ、「時価」が普通。

光りもの

051

タチウオ テンジクタチ

太刀魚(たちうお)
鱗も尾鰭(おびれ)もない、プラチナ色の変な魚

タチウオ。近年主流となっている皮目をあぶって握ったもの。あぶりたての表面の脂が液体状のうちに口に放り込むと、香ばしさ、脂の甘さ、濃厚なうま味が一気にくる。

1メートルを超えるテンジクタチの皮を引き握ったもの。驚くほど脂がのっていて甘く、しかもすし飯と混ざり合って後味がまことに上品。特上の味わいだ。

上がタチウオ、下がテンジクタチ。

おさかなデータ
2種ともスズキ目タチウオ科
タチウオ
北海道南部以南に生息
テンジクタチ
和歌山県以南。亜熱帯・熱帯に多く生息
旬：基本的に夏だが、産卵期が長いので年中うまいのが日本各地で揚がる
呼び名：「刀」「サーベル」など物騒な名前が多い
食データ：体を覆うのは、鱗ではなく白銀色のグアニンという食べられる物質。むしろ銀色に輝くのを、そのまま食べた方がうまい

温暖化のためか、タチウオといえば今では二種類。大型は超高級魚

主に産地で使われるすしダネだったが近年全国的に使われるように

日本列島に広く分布する標準和名のタチウオと、亜熱帯・熱帯域に多いテンジクタチの二種がある。後者は、国内では沖縄などをのぞくと珍しい魚だったが、温暖化のためか入荷量が増えてきている。

国内では二種を区別しない。ともに大きいほど味がいいため、大型は高値で取引されている。代表的な産地は和歌山県。

静岡県などの産地では古くからのすしダネであったが、最近、全国的な人気になっている。皮つきで握るか、皮を引くかで味わいが違う。銀色の皮自体に味があり、産地ではこれを大切にしている。ただ大型の皮は硬く、好みの分かれるところ。そのためか最近、皮をあぶって握ることが多くなっている。大型で脂が乗った旬のものは、最上級のすしダネ、値段も特上。

052

サワラ

鰆(さわら)

江戸前ずし以前、押しずしでも人気があった

透明感のあるものよりも白く濁っているほうに脂がある。そのとろけるような食感に強い甘みで、マグロのトロとはまた違う良さがある。

小ぶりのサゴシは大型のサワラとは別種の味わいがある。皮目に香りがあるのだ。これをあぶって浮き立たせてから握ったもの。

おさかなデータ

スズキ目サバ科
青森県以南に生息
旬:冬から春
呼び名:50㎝以下を「サゴシ(サゴチ)」、50～70㎝を「ヤナギ」、それ以上を「サワラ」と呼ぶ出世魚
食データ:本種の卵巣で作られているのが、香川の唐墨(からすみ)。ボラのものとは別種の味わいがある。瀬戸内海には、本種の産卵期に海が盛り上がり島のようになる「魚島(うおじま)」というのがある。

光りもの

西日本の魚が東北にも進出 近年では津軽海峡を越える

古くは南日本に多く、北日本に少ない魚とされていた。それが徐々に生息域を北に広げ、近年では北海道でも獲れるように。アジやサバなどの魚を襲う一メートルを超える肉食魚。出世魚で五十センチ以下を「サゴシ(サゴチ)」、七十センチ前後を「ヤナギ」、それ以上を「サワラ」という。日本海での漁獲量が飛躍的に増えてきているが、食文化では瀬戸内海が有名。握りずし以前の押しずしやばらずしなどに欠かせない魚であった。

今でも関東よりも西日本のすしダネ 徐々に全国的なものになりつつある

瀬戸内海周辺や関西では一般的なすしダネ。ネタケースの中ではマグロよりも目立つ存在である。大きいものの方がうまいとされるが、非常に高価。一方、小型のサゴチは皮目をあぶって、酢じめにし、庶民的な値段で人気が高い。

トビウオ

飛魚(とびうお)

春夏秋冬、種類を替えながら魚河岸に並ぶ

春トビ。大型を生で握りにしたもの。ネギやショウガが出合いのもの。うま味が強く、甘さが後からくる。すし飯との相性もよい。

夏トビ。皮つきで、皮をあぶって握ったもの。皮目に独特の甘みを感じさせる香りがある。脂ののった初夏のものなので、とろっとほどよく崩れる。

秋トビの酢じめ。うま味が強く、血合いに酸味のある背の青い魚特有の味わいを、酢で緩和して後味を上品に。すし飯の甘みとあいまって絶品の光りもの。

おさかなデータ

ダツ目トビウオ科
(季節で種が違う)
北海道南部以南に生息
旬：春から秋
呼び名：「春トビ」「夏トビ」「秋トビ」など。季節が頭につく
食データ：伊豆諸島の「くさや」、日本海本州や九州などの「煮干し」「焼き干し」。島根県の「野焼き蒲鉾」など、様々な加工品となる

梅が咲く前にやってきて山々が色づく頃まで入荷が続く

巨大な胸鰭(むなびれ)で、種によっては海の上を最長六百メートルも飛ぶ。東京では、梅の咲く時期から初夏まで、屋久島、伊豆諸島からの春トビ(ハマトビウオ)が入荷してくる。初夏には、夏トビ(ツクシトビウオ、ホソトビウオ)が来て、九月になると秋トビ(トビウオ)が入荷する。全種スーパーなどではおなじみだが、呼び名はすべて「トビウオ」なのでまぎらわしい。

安くておいしい季節感あふれる魚

早春に到来するハマトビウオ以外は比較的安く、並ネタで回転ずしなどにも登場している。不思議なのは、トビウオが一般的な食用魚で、すしダネとしても普通に使われることがよく知られていないこと。生で使うことが多く、酢じめや皮をあぶって握ることも少なくない。淡泊でイヤミがなく、青い魚らしいうま味に満ちている。

054

ハタハタ

鰰 はたはた

鍋物や干物だけじゃもったいない「生」の味わい

皮下の銀皮が非常に美しく、その姿通りに上品で淡泊な味わい。ほどよい甘みがあり、いくつでも食べられるやみつきになる味。

皮は少し硬いが、じっくり噛みしめると濃厚なうまさと独特の風味が感じられる。

おさかなデータ
スズキ目ハタハタ科
山陰以北の日本海、北海道に生息
旬：秋から春
呼び名：鳥取県では「シラハタ」といい、秋田で獲れるハタハタとは別の魚だ、といわれることが多い
食データ：秋田では、焼いて食べるとブリブリ音がする、「ブリ子」と呼ばれる卵巣が喜ばれる

秋田県が有名だが日本海、北海道など産地は少なくない

比較的寒冷な水域の深い砂地などにいて、産卵期になると浅場に移動する。古くからの産地・秋田県では、この産卵回遊してきたのを獲り、白子やブリ子と呼ばれる卵で膨らんだものを鍋や焼き物に使った。漢字で「鰰」とも書くのは海が荒れて雷が鳴る、そんなときに大漁となるからだ。

最近では産卵期以外にも、沖合での漁が盛んに。未成熟ではあるが、脂がのって身が美味。鳥取県では「白ハタ」と呼ばれているが、別種という説も。

もともとは産地だけの限定的なネタであった

産地では古くから棒ずしや握りずしのネタとして使われていた。基本的に酢じめで利用する。本種の水揚げの時期は、江戸前ずしに欠かせないコハダの入荷が不安定になる時期に重なることから、すしダネとして使われるようになったようだ。

光りもの

マダイ・チダイ・キダイ

春日子(かすご)

江戸時代以来の伝統的すしダネ

マダイ
マダイの春日子はやや色合いがくすんでいるが、身が締まってうま味が強い。味の点では随一とする職人も多い。

おさかなデータ
マダイ→78ページ
チダイ→79ページ
キダイ→80ページ
旬：マダイは秋から冬、チダイ・キダイは1年を通して

江戸湾の浅場で群れを作っていた江戸前の代表的なすしダネ

タイ科の魚。親は沖合にいるが、子供は比較的浅場で群れを作っている。江戸時代に東京湾で盛んだった、「打たせ網」でたくさん獲れたので、基本的に屋台店などのお手軽なすしに重宝したわけだ。もちろん大型の魚などお上がっただろうが、見事なのは将軍家にお買い上げとなり、また日本橋にあった魚河岸でも高く売られたはず。安くておいしいので、江戸時代後期に爆発的に増えた「すし」には江戸前の小魚を使うのが基本だった。春日子のことを「光りもの三尊」などともいう。

日本の三鯛の子、三者三様の味がする

マダイ、チダイ、キダイを「国内三鯛」としたい。輸入物や熱帯域などで獲れるもの、黒いタイなどもあるが、基本的にこの三種が一般的。春日子の基本はチダイで、魚河岸で見かける機会が一番多い。

056

チダイ
チダイは桜の花びらを思わせる色合いから、今では春日子の定番的なものかも。すし職人はこの色が飛ばないように細心の注意を払う。ほどよい柔らかさですし飯とよくなじみ、ほどよい甘さがある。

キダイ
キダイは関東では珍しいもの。主に西日本のすし店で使われている。赤みに黄金色が散り、まことに可憐。酢じめにしても、上品で後味がよいので、食べ飽きない。

光りもの

穴子（あなご） マアナゴ

関東では煮る、関西では焼くのが定番

頭の方を上身、尾の方を下身という。上身は皮を上に、下身は身を上に握るのが正しいとされている。一般に下身のほうが味がよく、すし店などでは最後まで残るのは上身。舌で崩れるほど柔らかく煮て、握る直前に軽くあぶってある。煮穴子はわさびをつけない。

大阪の魚河岸で焼き上げて握ったもの。西日本ではすしだけではなく、数々の料理に焼き穴子が活躍する。皮目はねっとりとして香ばしく、強い味。すし飯の酸味との相性がいい。わさびが合う。

おさかなデータ
ウナギ目アナゴ科
日本各地。東シナ海、朝鮮半島に生息
旬：夏
呼び名：「はかりめ」「ハム」
食データ：都会などに近い内湾に多いので古くからなじみ深い魚。東日本では煮る、西日本では焼き穴子が有名。江戸前では天ぷらの代表的なタネでもある

北海道から九州までの内湾には普通に見られるもの

都市がある内湾にも見られる。夜行性で、昼間は穴などにもぐりこんでいるので「穴子」と呼ばれている。数種類いるアナゴのなかでも本種の漁獲量がもっとも多い。古くから江戸前東京湾羽田沖などが有名で、最上級とされているほか、常磐、三河湾、瀬戸内海などたくさんの産地がある。また韓国産も良質とされ、高値で取引されている。

すべて活け締めされたもの 職人は死後硬直前を選ぶ

魚河岸には、活け締めされたものが大きさごとに分けられて入荷する。すし店によって使う大きさが違い、煮方なども多彩。煮上げたまま握る店、軽くあぶってから握る店がある。基本的に小ぶりのものは一尾丸ごと、それ以上は前後二かんに、大穴子は切りつけて握る。また関東では煮穴子、西日本では焼き穴子と地域性があったが、最近では煮穴子を使う西日本のすし店も。

ゴテンアナゴ

御殿穴子(ごてんあなご)

脂ののりはイマイチながら、味はピカイチ

舌でくずれるほど柔らかく煮て、わさびをつけて握ったもの。マアナゴよりも軽い味わいながら、トロッと甘みが強く、すし飯と合わさって一体感がある。

目の後ろ側上部と後部下方にアイシャドウを入れたような短い筋が見える

焼き穴子の下身。脂の甘さよりもうま味と焼いた香ばしさが勝つ味わい。すし飯とのなじみも抜群にいい。

おさかなデータ
ウナギ目アナゴ科
日本各地の浅い砂地に生息
旬：春から夏
呼び名：兵庫県明石で「シロアナゴ」。「ギンアナゴ」「メバチ」とも
食データ：比較的まとまって水揚げされるマアナゴと違い、ローカルな存在。天ぷらや、すしダネとして味はいいけど、マアナゴと比べられると残念

マアナゴとはまったく違う比較的きれいな砂地に生息

日本各地の浅い砂地に生息している。底引き網などで漁獲されるが、マアナゴと比べ量が少ない。兵庫県明石などではシロアナゴと呼ばれ、残念ながら格段に安い。

「御殿穴子」という不思議な名前は、目の後ろにアイシャドウをつけたような薄墨色の部分があるため、「まるで御殿に使える上﨟(じょうろう)の化粧のようだ」と標準和名がついた。

マアナゴと比べると淡泊で上品、まるで白身のよう

国内で流通するアナゴ科は本種のほか、マアナゴ、ギンアナゴの三種類。一番味が良いのはマアナゴで、後の二種は脂が薄く大味とされている。開いた身はまるで白身のよう、味わいは淡泊でマアナゴのよさではないが、脂がのっているだけがアナゴのよさではない、と本種を食べて気づくはず。皮目の香ばしさはやはりアナゴならでは。本種は意外に相性がいい、煮穴子にわさびはつけないが、本種は意外に相性がいい。

長もの

イラコアナゴ

伊良子穴子（いらこあなご）

「穴子」という名前で出ている深海魚

加工品の蒲焼きをあぶってから握ったもの。少々ねっとりしているが、柔らかくてアナゴに近い食感があり、なかなか味のいい握りに。

アナゴと同じようにしょうゆ、酒、砂糖で煮上げたもの。意外に淡泊な身質で味に深みがない。

口裂（口の長さ）の中央上に目がある。

おさかなデータ
ウナギ目ホラアナゴ科
北海道以南から東シナ海に生息
旬：すべて加工品なので、特にない
呼び名：宮城県石巻で「沖ハモ」
食データ：スーパーなどでは国産のマアナゴよりも主流。圧倒的に安くて、味もそれほど悪くない

「穴子」と漢字で表記するそれが問題なのである

北海道以南の水深三千メートル以上の海底に生息する深海魚。アナゴの仲間ではなく、ホラアナゴ科の魚。鱗は棒状でくっきり見え、ヌメリがない。深海で行われる底引き網で大量に揚がるので、宮城県などでは、港に本種の小山ができるほど。古くはツボダイなどを獲るときに混ざる厄介もので、利用されていなかったが、近年では蒲焼きなどの惣菜に加工されている。産地は宮城県や北海道。残念ながら鮮魚としてはほとんど出回らない。

回転ずしでもEレーンで使われる安くておいしいすしダネ

アナゴから遠い種の魚なので、食感、味など似ても似つかない。皮は柔らかく、ねっとりして、身の味に特徴がない。むしろ加工品としてのすしダネで、製造元の技量が問われるもの。蒲焼きの方が、焼いた香ばしさがあって定番となっている。

060

マルアナゴ

丸穴子

なんと、地球の裏側からやってくる

煮穴子にしたもの。アナゴのように味にこくがない。脂が少なく、やや物足りないと感じる人も多いはず。でも淡泊でクセのない味わいなのだから、すしダネとしてなかなか上物ともいえそう。

おさかなデータ
ウナギ目ウミヘビ科
南米西岸に生息
旬：輸入ものなので、特になし
呼び名：単に「アナゴ」
食データ：分類学的にウミヘビ科となっているが、ペルーでもおいしい魚なので食用とされ、とても人気がある

写真：阿部宗明著『新顔の魚』（復刻版）まんぼう社

長もの

ウミヘビ科といっても八虫類ではなくれっきとした魚

南北アメリカ大陸西岸に生息。ウミヘビ科というと驚くかもしれないが、大きな区分ではウナギの仲間。この科の基本となった魚が相模湾で「ウミヘビ」と呼ばれていたため、このまぎらわしい科名になった。

産地はペルー。現地では美味な魚として食用になっている。ウミヘビ科の魚は世界中に二五〇種前後いるが、ほとんど食用とされていないので、本種は希(まれ)な存在。日本が世界中の海洋資源調査をしていた八十年代から有用な魚として知られていた。

味は淡泊であまり脂を感じないため評価はいろいろ

八十年代終わり頃、マアナゴの減少が著しく、代用品を探していたときに本種が登場した。当初はアナゴと比べると脂が薄く、味に個性がないなど低い評価だったが、反面、クセがなく上品とも考えられる。淡泊な味を好む人には上物ネタともいえる。

061

ウナギ

鰻（うなぎ）

東京深川で養殖が始まり百三十年

寒い時期は国産よりも上という台湾産を白焼きに。握る直前に軽くあぶり、振り塩をしてわさびで。蒲焼きよりもあっさりとウナギ本来の味が楽しめ、やや重たい味わいにわさびが合う。

蒲焼きを握る直前にあぶり、温かいうちに食べるのが最高の流儀。食べる前の香りを楽しみ、甘辛のタレに、とろりとした食感、すし飯とのなじみの良さ。うっとりとする1かんである。

おさかなデータ

ウナギ目ウナギ科
北海道以南の日本各地に生息
旬：天然は秋から初冬、養殖は初夏
呼び名：稚魚を「シラス」、ウナギの形になったばかりを「黒目」、超大型を「大ウナギ」
食データ：西日本は腹開き頭つきで焼き蒸しの行程なし、東日本は背開きで頭を取り焼いて蒸す。西日本の焼いた頭を「半助」といい豆腐と小鍋仕立てがうまい

江戸前という言葉は本来ウナギに使われたもの

産卵はグアム周辺の深海。ヤナギの葉形の稚魚が暖流に乗り、北上し川で成長。数年後、大きく育ち干潟や河口に産卵のために下る。明治から養殖が行われ、今では天然ものはほぼ皆無である。シラスを秋から冬に獲り、数カ月後の土用丑の日に向け育てる。代表的な産地は鹿児島県、愛知県、そして台湾。天然ものの旬は秋から冬なので夏は開店休業。この窮状に平賀源内が「土用丑の日に鰻を食べると夏バテしない」とコピーを考え、今に続く。

関東では戦後、むしろ九州の方が本場かも

蒲焼きは握る直前にあぶり、熱いうちに出すのが基本形。この握りは、関東郊外ではウナギとすしの両方を扱う店ができた高度成長期から。九州の方が歴史が古いようだ。すし飯との相性がよく、今では中国からの輸入ものもあり、回転ずしでも大人気だ。

ハモ

鱧(はも)

古都京都、祇園祭には二万本が食される

あぶりは骨切りしたものの表面をあぶり、握ったもの。ぷんと立ち上る甘い香りと、口溶け感がたまらない。わさび醤油でも、スダチと塩でもうまい。

骨切りして湯をくぐらせたものを京都で「落とし」、大阪で「ちり」。薬味は梅肉酢。はんなりして、上品な味。

おさかなデータ

ウナギ目ハモ科
福島県以南、東シナ海に生息
旬：夏
呼び名：「本ハモ」「海ウナギ」
食データ：鱧といえば蒲鉾。大阪では「はも板」、兵庫では「焼き通し」という。ビックリするほど高いが、それだけにうまい。そのときに出るのが鱧の皮。これとザクザクきゅうりで作る酢の物は夏の味だ

海から遠い京都で編み出された鱧料理
骨切りをして初めて食べられる

暖かい海域の浅い海域に生息。ウナギの仲間で非常に歯が鋭くどう猛。ノミの夫婦で雌が大きく、主に食用とされるのは雌。生命力が強いため、海から遠い京都に送られても生きている。生魚に乏しい地域では貴重な存在。ただし凶暴で歯が鋭く、全身骨だらけ。そこで考え出されたのが骨切りの技。一寸に二十四ほどの包丁目を入れて初めて食べられる。以来、高級魚に。

関西が本場だったのが
急速に全国区のすしダネに

京都、大阪のほか、ハモの一大産地である九州、そして関東などでもうまい握りが食べられる。京都などでは焼いて、あっさりと甘辛いタレをつけたものが、伝統的な棒ずしや、最近では握りにも使われている。骨切りして湯に落としたものを、関西では「ちり」とか「落とし」というが、これに梅肉を乗せて、握りというのも多い。

長もの

ヒラメ

鮃 (ひらめ)

特上の白身といえば間違いなく本種のこと

青森産天然ものの背の部分。やや厚めに切りつけて、その白身ならではの、うま味中心の味わいを堪能できる握りにしている。

「えんがわ」の味はコリッとして、中からしみ出してくる脂が甘く、じわじわと口中にうま味が広がっていく。

おさかなデータ

カレイ目ヒラメ科
北海道以南から南シナ海に生息
旬：秋から冬
呼び名：古くは、ヒラメとカレイは区別しないで、すべてカレイだった。ヒラメという呼び名は特殊で「オオグチガレイ」や「オオガレイ」と呼ばれていた
食データ：長1メートル前後にもなる大型魚。大きければ大きいほど味がいいとされる

江戸前ずしでは並にも上にも入らない特上ネタ

一メートルを超える大型魚で、魚類屈指の高級魚。出世魚のひとつで、いろいろ説があるが、一キロ前後までを「ソゲ」、約二キロクラスまでを「大ソゲ」、それ以上を「ヒラメ」という。上から見て丸みを帯び、横から見て厚みのあるものが上物。また原則的に活魚を尊び、朝方まで生きていたものを締めて味に握るのをよしとする。

すしダネで味がいいのは大型。寒の時期は何ものにも替えがたい美味。これが春になると途端に味が落ち、今度は逆に年間を通して味の落ちないソゲをよしとする。

「えんがわ」はおまけじゃなくて独立したすしダネ

大型一尾のヒラメで、四枚の「えんがわ」がとれる。これは、すしの味のわかる人に出すスペシャリティ。巷にあふれる北洋で揚がるカレイと比べると脂は少ないが味の奥行き、食感はまったくの別物なのである。

オヒョウ

大鮃
おひょう

畳よりも大きくなる北の巨大魚

古い職人は「これはおぼろのもとだ」などといってけなすが、上品な甘みがあって捨てがたい。じっくり味わいたい握りだ。

おさかなデータ
カレイ目カレイ科
東北地方以北に生息
旬：夏
呼び名：「オガレイ」「マスガレイ」
食データ：昔、カレイのくせに「鮃」はおかしいだろ、などと非難されたことも。アメリカではヒラメよりも評価が上

ヒラメとカレイの見分け方

ヒラメは黒い部分を上にして頭を手前に向けたときに、向かって左に目が寄っている

カレイは黒い部分を上にして頭を手前に向けたときに、向かって右に目が寄っている

左側 ← ヒラメ　カレイ → 右側

※種によって例外もあります。

白身

食通な作家が認めた味
上品で淡泊、何かんでも食べられるうまさ

産地が北海道など北国なので産地以外ではなかなかお目にかかれない、体長三メートルになる世界一大きなカレイ。鮮度がよければ驚くほど味がよく、グルメであった作家、開高健も太鼓判の美味。

古くから冷凍で出回り「おぼろ」の原料に。今では生が主流で、そのまますしダネになる。

透明感のある美しい白身であっさり、上品な味で受けている。

マコガレイ

鰈(かれい)

すしダネで、単に「カレイ」というと本種のこと

白身の味を表現するのは非常に難しい。とろっとした甘みがあるわけでもなく、淡泊で上品。うま味、甘みは一度に感じられずジワジワ押し寄せてくる。すし飯と一体となってよりあっさりして、食べた後から、また食べたくなる。

「えんがわ」は、こくのあるうま味と強い甘みが薄い皮に包まれている。食感のよさ、1尾で4かんしかとれないスペシャルな握りで、常連にならないと食べられない店も。

おさかなデータ

カレイ目カレイ科
九州大分県から北海道に生息
旬:初夏から秋
呼び名:ヒラメが大口ならこっちは「口細(クチボソ)」
食データ:煮たり焼いたりするということでは、旬は二回。身自体がうまい夏と、真子(卵)を楽しむ冬

江戸前東京湾も代表的な産地 獲り方と、入荷状態で値段が変わる

北海道から九州の内湾の浅場に多い、もっとも代表的なカレイ。底引き網で大量に獲ったものより、小型船の刺し網などで獲れた一キロ前後の活魚が一番高い。普通の十倍以上の値段になる。

代表的な産地は北海道や東北。関東で珍重されるのが常磐から福島にかけてのものと、江戸前東京湾のもの。西日本では瀬戸内海が有名。なかでも大分県日出町(ひじ)の「城下(しろした)かれい」が最上級とされている。

本来は温かい時期のすしダネでも最近旬が長くなっている

木の芽時になると築地場内の活魚競り場をのぞきたくなる。ここで本種を探すのは、ほとんど高級すし店を顧客に持つ仲卸である。すし店の営業時間に合わせて締めて配達する。この厳選した本種の握りは白身の一般的な概念を打ち破るはず。旬が長くなっている気がするのもうれしい限りだ。

イシガレイ

石鰈（いしがれい）

死んでしまったら「タダでも買わない」

締めて半日後の握りは、まるで白雪のよう。味わいも見た目通りの端正さで、甘みもうま味も淡いが、強い食感を感じながらつまむと、その総合的なうまさに感動するはず。

活けものの「えんがわ」は身がぷっくりふくらみ、強い甘みとうま味がじわりとしみ出してくる。

おさかなデータ
カレイ目カレイ科
日本各地に生息
旬：夏
呼び名：「イシモチガレイ」
食データ：体の表面に本当に石がある。鱗の変形したものだが、この周辺に臭みがあるとも。これが石のように硬いので料理する前に取る

白身

なぜか江戸前限定の高級魚しかも死んだら見向きもされない

北海道から九州、東シナ海などの浅い砂地にいる大型のカレイ。刺し網や底引き網でまとまって獲れ、産地などでは安いカレイの代名詞に。ところが江戸時代以来、東京では高級魚の代表的なもの。これは夏の白身が貴重であるため、今でも夏が近づくにつれてスズキとともに値を上げる。

すしダネや刺身になるのは原則的に活魚。カレイ類は死ぬとうま味成分が急速に減少するため、野締めや活け締めもあまり評価されない。東京の魚河岸では本種、マコガレイ、スズキは夏の三大活魚である。

微かに独特の風味が感じられるこれを好む職人、好まない職人がいる

古くから石の付いた皮に臭みがあるとされるが、石を取り去った活魚にも臭みを感じるという職人もいる。淡泊で上品ななかに独特の風味があって、優れたすしダネとなる。これがすし通をうならせるようだ。

マツカワガレイ

松皮鰈
まつかわがれい

幻の北のカレイ。味がいいので養殖も

表の背側の部分。ほんの少し赤みがかり、口に入れると味が濃く、すし飯と混ざり、口中から消えてからも後味が残る。

「えんがわ」はシコシコ心地よい食感で、うま味がジワリジワリとしみ出してくる。さっぱりしたすし飯と合わさって、見事に味の調和をみる。

鰭の模様は帯状の縞。

おさかなデータ
カレイ目カレイ科
若狭湾、茨城県以北に生息
旬：秋から冬
呼び名：リズム感のいい「タンタカ」の由来・意味は不明
食データ：北国では、ヒラメよりも評価は上。量が少なく、天然ものは幻の魚

北国でもっとも高価でもっとも美味？ 完全な天然ものは幻の味

比較的北国で獲れる大型のカレイ。標準和名の由来は、松の幹を思わせるような、ざらついた鱗のため。本種よりやや南にいるホシガレイと同属。神奈川県横浜近辺でいうマツカワガレイはホシガレイのこと。

東北・北海道の高級ガレイとして古くから有名であったが年々減少、一時は幻のカレイとも。今では稚魚の放流や、養殖が減少傾向を食い止めている。流通するほとんどがこれらのもので、純粋な天然ものは超がつくほど貴重。秋から冬にかけてが旬で、東北・北海道からの入荷が増える。

北国ではヒラメよりも上 超がつくほど高級なので値段に注意

北国で白身というとヒラメ・カレイ類。その頂点に君臨するのが本種。すし店のネタケースでも中央に置かれている。白身でどこまでも上品で淡泊、その上、甘みもうま味も強い、散財覚悟で食べる価値あり。

068

ホシガレイ

星鰈

江戸っ子が惚れ込んだ、江戸前の魚

カレイ類の中では比較的強い味わい。数滴スダチを落として、塩かしょうゆは好みで。塩で食べると本来の味わいが生きて新鮮。

「えんがわ」はカレイ類でも最上級の味わい。強い食感にうま味が徐々にしみ出してきて、絶妙の味わいになる。

鰭の模様は丸い斑紋。

おさかなデータ
カレイ目カレイ科
北海道南部以南に生息
旬：春から秋
呼び名：「モチガレイ」「ウグイス」
食データ：江戸時代より食通が語り継ぐ、江戸前を代表する魚。今、江戸前ものは超貴重

マツカワガレイよりも南にいるが生息域は重なる

マツカワガレイとそっくりで、違いは本種の鰭や身体にある斑紋が丸いこと（マツカワガレイは帯状）。斑紋を取ってしまうと、両種の区別は不可能であろう。長崎県や福岡県でも高級ガレイとして知られているが、漁獲量は年々減少、日本各地で種苗生産、稚魚の放流が行われている。

三陸、九州北部など本種を珍重する地域は少なくないが、特に東京都で人気が高い。魚河岸の仲卸などでもヒラメやマコガレイ以上に本種が美味とすることも多い。

活け締めもいいが、やはり活魚その食感と、上品な味に陶然とする

古くから江戸っ子好み。東京湾ものを最上とするが、今や幻の存在に。代わって三陸など日本各地からの入荷がある。東京でも高値がつくせいか、築地場内には日本でもトップクラスが並ぶ。白身としての味わいは最上級。すしダネとしても最上級だ。

白身

目板鰈(めいたがれい)

メイタガレイ／ナガレメイタ

関東では人気がなく、関西以西で大人気

しょうゆでもいいが、その独特の風味や個性的なうま味を損なわずに食べたいので柑橘類と塩で。すし飯と混ざっても存在感のある味で、白身の中では強い味。

メイタガレイ。模様が不定形。

ナガレメイタ(下)。見た目はメイタガレイと変わらないので、期待して口に入れると、裏切られる。上品なだけで味がなく、すし飯に負けてしまう。

ナガレメイタ。丸い文様が散らばる。

おさかなデータ
2種ともカレイ目カレイ科
メイタガレイ
北海道南部以南から東シナ海に生息
ナガレメイタ
宮城県・北陸以南の本州、四国、九州北部に生息
旬：春から夏
呼び名：目の部分が盛り上がっているので「メダカガレイ」、甘みが強いので「アマテ」
食データ：岡山での夕食で唐揚げ、お刺身、塩焼きが全部本種だったことが。瀬戸内海を代表する魚のひとつ

生息域は広いが、東日本での評価が低く、西日本で高い

北海道以南、西日本の浅場に多い。目の間に板状の骨があるので「目板鰈」という。長い間、味のいいものと落ちるものの二型があるとされていたが、近年後者は別種(ナガレメイタ)であると判明。本種が美味であることが証明された。

東京には三陸や関東近海などから入荷されるが、扱いが悪い安い。対して瀬戸内海など西日本では丁寧な扱いに。今でも上物は西から入荷してくる。

カレイの中でも味は個性派 松葉の香りがするとも

皮目に松葉のような香りがするので、「松葉鰈」ともいう地域がある。これが関東で嫌われている原因だ。ただ皮下にある身は絶品。濃厚なうま味に、しこっとした食感。関西の食のプロは「カレイの王様」ともいう。当然、すしダネとしても特上。関東のすし店にももっと置いて欲しい。

070

サメガレイ

鮫鰈(さめがれい)

初めて見た人は「ボロ雑巾のようだ」と言った

白身なのに口の中に入れるとトロッととろけて甘い。まるで食感は大トロ。それでいてちゃんとカレイに味がする。

「えんがわ」ならではの強い食感。たっぷりのった脂の甘み、そしてうま味。「えんがわ」なのにトロを思わせる味わい。すし飯との相性もいい。

おさかなデータ

カレイ目カレイ科
日本各地に生息
旬:初夏から秋
呼び名:三陸では「ホンダガレイ」、新潟県では由来不明の「トンビホチ」
食データ:東北などで加工されるフィレは、煮つけにしてもよし、フライやムニエルにしても絶品

沖縄を除く日本全国にいるが北に行くほど多く大型になる

日本各地に生息するが北日本に多い。大量の粘液を出す、ザラザラの鮫肌。漁港で見つけたドロドロの液体が入ったコンテナ、覗きこんだら本種だった。また、小学生が風船につけ飛ばした手紙が十五年後、本種の粘液に張り付き、水揚げされたことも。この皮の真下にある真っ白な身は、脂が均質に混ざり白濁して見える。昔から産地の漁師達は「美味なカレイ」とよく食べていたが、見た目から安い魚の代名詞だった。

脂がのっているものはまさに白身なのに大トロの味わい

初めて握りにしたとき、試食したすし職人が「これは白身の大トロだ」と叫んだ。それは特別脂がのっているものなのだった。平凡なものでも中トロ的な脂の甘さが感じられ、口の中でとろける。近年本種の高鮮度化が進められ、すしダネとしても注目株に。回転ずしなどにも登場している。

白身

071

カラスガレイ

烏鰈
からすがれい

古くは銀ガレイとして握りにも

南限の駿河湾で揚がったばかりのものを握りに。ほどよい食感があり、脂がのってマグロの中トロのような食感で甘い。これぞ白身の中トロ。絶品だ！

今では、本種の「えんがわ」は大人気。たっぷり含まれる脂は良質で、意外に後味がよい。

おさかなデータ

カレイ目カレイ科
駿河湾、日本海以北に生息。オホーツク海・ベーリング海などに多い
旬：ほとんどが冷凍なので特にない
呼び名：すしダネとしては「銀カレイ」「冬ガレイ」
食データ：冷凍フィレは大量に流通、スーパーなどで売られている。縁側はフィレを作るときの副産物だった

古くは脂っぽい魚と敬遠されていた

主な産地は北海道以北オホーツク海やベーリング海、北アメリカ大陸沿岸までの浅場から深海まで広く分布。東北などに多いアブラガレイにそっくりだが、やや細身で、和名の通りカラスのように黒い。国産は少なく主にカナダやアラスカ、グリーンランドなどから輸入されている。

かつては北洋で大量に獲れ、缶詰や加工品となっていた。皮の下は全身脂といった状態で、熱を通すと溶け出してくる。

ヒラメの「えんがわ」の代用品として有名になった

回転ずしなどで堂々と「ヒラメのえんがわ」として登場していたことがある。法改正でこの名称が違法となり、今では単に「えんがわ」に。「ヒラメ」が取れても人気が衰えないのは味がいいためだろう。近海で獲れた鮮度のいいものは、白身としても優れていることは、意外に知られていない。

アブラガレイ

油鰈（あぶらがれい）

全身脂身の魚、昔は魚油の原料にもなっていた

冷凍ものの「えんがわ」。ぷりっとした心地よい食感で、筋肉の束から、じわりと甘い脂がしみ出してくる。うま味が濃厚で、インパクトの強い1かん。

おさかなデータ
カレイ目カレイ科
東北以北に生息
旬：初夏から秋
呼び名：「フユガレイ」
食データ：身離れがよく小骨がない。きれいな白身なのでフィレはとても人気がある。カレイのフライなどになって大活躍

えんがわでは二番手だが違いはプロにしかわからない

北洋漁業が盛んなときには、カラスガレイとともに膨大な量を獲り、食べるだけでなく魚油などを作る原料にもなっていたので、この和名がある。

初期の「えんがわ」の主であるカラスガレイが激減し高騰。その代用品として登場したのが本種で、今や「えんがわ」の主流に。回転ずしなどでは大活躍だ。

白身

「えんがわ」って何？

魚の鰭(ひれ)を動かす筋肉を鰭筋という。すべての鰭にあるもので、特に鰭をよく動かす魚に発達している。

カレイやヒラメの「えんがわ」が有名なのは背鰭と尻鰭が非常に長く、それを動かす鰭筋も長い。しかも、これが推進力の役割を果たすためめよく発達して長い「えんがわ」があり、表裏（正しくは左右）2対4枚の「えんがわ」がとれる。

カレイ類にはすべて長い「えんがわ」があり、

えんがわ（鰭筋）
裏側にもあり計4枚

背鰭　尾鰭　尻鰭　胸鰭　腹鰭

ブリ

鰤(ぶり)
冬の魚とされるが、季節ごとの味がある

しょうゆがつかないくらいに脂がのったもの。今回はわさびを使ったが、大根おろしにポン酢で、という人も多い。脂の強い甘みの底にしっかりブリの味も感じられる。

真夏に相模湾小田原にあがった「いなだ」。ほどよい酸味があり、しっかりうま味があるのに後味がいい。

おさかなデータ

スズキ目アジ科
沖縄をのぞく日本各地に生息
旬：秋から冬
呼び名：出世魚。関東では「ワカシ」→「イナダ」→「ワラサ」→「ブリ」
食データ：寒い時期、旬の大根と合わせた「ぶり大根」が裏メニューというすし店では、骨まで柔らかくてうまいのを出す。すしダネを骨まで食べ尽くす合理的な考え

年間を通して脂がのっている養殖もので味を覚えない方がいい

春先に南で生まれ、流藻に隠れて北上。晩春には二十センチ前後、関東の「わかし」クラスになり、夏に「いなだ」、そして数年で十キロ前後の「ぶり」に育つ。すしダネに使うのは「いなだ」クラスから。関西では「はまち」といい、脂ののりはイマイチだが、このサイズからぐんとうま味が増す上、値段も手頃。気温の下がる秋から冬のブリは別格で、高級すしダネとなるが、値段以上の美味。

今や、本種のほとんどが養殖ものになっている

魚河岸で養殖ものを「あぶら身」と呼ぶ人が多くなっている。今や、すしダネのほとんどが、まるで脂の塊のような養殖もの。若いすし職人など、これがブリの味と勘違いして、ベテランがたまに天然ものを出すと「まずい」と言われるそう。ブリの評価は脂だけじゃないことも知るべきである。

ヒラマサ

平政
(ひらまさ)

ブリとそっくりだけど、真逆の夏から秋が旬

口に入れると回遊魚ならではの、ほどよい酸味があり、夏らしいさわやかさが感じられる。うま味も十二分にあり、脂はほどほど。1かんでは物足りず、追加したくなる……そんな味だ。

ブリとヒラマサの見分け方
主上顎骨後縁上部：
上部の角が丸みを帯びているのがヒラマサ（写真左）。
上部が角張っているのがブリ（写真右）。

おさかなデータ
スズキ目アジ科
北海道南部以南に生息
旬：夏から秋
呼び名：「ヒラソ」「ヒラス」
食データ：釣り人の勲章といった存在。山陰、東シナ海、房総半島、伊豆諸島の釣り宿の名物は大ぶりに切った刺身。ブリと違ってたくさん食べても飽きない

白身

ブリよりも暖かい海が好きで夏から旬となるスマートな魚

北海道オホーツク海で大量に揚がるブリに対し、北海道南部の暖かい海域で多くは獲れないブリそっくりな魚。寒い時期が旬のブリに対し、本種の旬は暖かい時期に迎える。食の世界でも人気だが、釣りの世界ではスーパースター。あこがれの魚だ。

魚河岸ではもっぱら「まさ」。ブリの味が落ちる夏から、魚河岸で本種を仕入れるプロはなんとなく格好いい。有名な産地は山陰、三陸。エサを飽食し、脂がのったものが揚がる。

脂ののりもほどほど ベテラン職人が好む通のすしダネ

すし職人が「最近、教科書通りの仕入れをする若い衆が多い」と嘆いていた。本種などは、目が利いて初めて買える魚。白身が主流の夏に、味のある本種はすしダネに変化をつけてくれる。ブリの味が脂の甘さだとしたら、本種は魚本来のうまさが脂の甘さが魅力。

カンパチ

間八
かんぱち

脂がのっているのに品がある

養殖ものなので全体に脂がまわって白っぽく見える。口に入れた途端うまいな、と感じさせ、心地よい食感が楽しめる。わかりやすくて万人向きの味。

体長20センチほどの走りの「しおっこ」。小さいのにほどよい脂ののりとうま味。秋の予感を舌に想い、思わずほっぺが落ちてしまう。

おさかなデータ

スズキ目アジ科
南日本に生息
旬：秋から冬
呼び名：小さいものは赤く、大きくなるほど赤身が褐色になるので「アカ」「アカヒラ」
食データ：島根県では、切り身にしてすき焼きに。これが、また超弩級のうまさなのだ

ブリ属ではもっとも大型になる熱帯にもいる高級魚

暖かい海に小魚を狙って回遊する肉食の、二メートルを超える大型魚。大きくなるに従い名前が変わる出世魚で、高知県では幼魚を「赤」、少し成長して「しお」、中型魚は「ねいり」、大型魚は「がた」。関東では秋に獲れる外房などの小型「しおっこ」を珍重する。また伊豆諸島、和歌山、四国、九州などが天然ものの産地。

やはり天然ものが上だが流通するほとんどが養殖ものに

天然ものは季節感が強く感じられる。初夏から夏には手のひらサイズが獲れて、これがすしダネにして美味。秋の中型、大型が入荷して、どのサイズもすしダネとして非常に優れている。養殖ものは年間を通して脂がのり、四国九州から魚河岸に生きたまま送られてくる。養殖カンパチを日本一消費する関東では、この多くがすしダネになり、回転ずしにも回る。

シマアジ

島鯵
しまあじ

天然ものは超レア。養殖ものも高級だ

天然ものには心地よい風味がある。食感がこれまた心地よく、アジ類ならではのうま味が豊かだ。1かんの中で味や香りがこれほどバランスよく包み込まれている握りはほかにない。

養殖魚の中ではもっとも軽い味。ほどよい酸味に魚らしい味。満足感を十二分に感じられるはず。

おさかなデータ

スズキ目アジ科
東北以南に生息
旬：春から秋
呼び名：伊豆諸島でたくさん獲れたので「島鯵」。当地では特大を「オオカミ」という
食データ：魚河岸で「シマアジの塩焼き」と言う老人がいた。その意味は塩焼きは平凡、すなわち「もったいないことをする」という意味だ

白身

魚河岸では年間を通して安くはならない超高級魚

関東以南の暖かい海域に多い超高級魚。「縞鯵」と書くことも多いが、これは複数のアジ類の幼魚を指す漢字で、本種にはふさわしくない。正しくは伊豆諸島でたくさん獲れたので「島鯵」だ。釣りの世界でもあこがれの的。本種の超大型魚を「オオカミ」というが、釣り師の金字塔ともなっている。大きすぎるものよりも、小型が人気。体長六十センチ前後までがすし職人好み。養殖も盛んで、南半球からの同属の天然ものがチルドで輸入されてもいる。

夏に獲れる小型魚から島から来る成魚まで、すべて高級

関東では小ぶりのものが多く、古くからのすしダネ。まとまって獲れないので、料理店よりもすし店で歓迎される。アジ科の養殖魚三種（本種、カンパチ、ブリ）の中でもっとも高値となり、養殖でも特上。脂がほどほどで食感がよく、上品なすしダネ。

マダイ

鯛(たい)

花は桜、魚は鯛というけれど、意外に脇役

明石産1キロ弱の活け締め。皮目に熱湯をかけて皮霜(かわしも)にしたもの。定番的なすしダネで、脂の甘さはないが、身から淡い甘みと、天然ならではの風味が感じられ、1かんの握りに多彩な味が同居している。

養殖場から生きたまま出荷。魚河岸に並ぶ直前に締めたもの。脂の甘さに濃厚なうま味、シコシコした強い食感。どれをとっても上々だが、タイ本来のうまさがコレだと思って欲しくない。

おさかなデータ
スズキ目タイ科
北海道南部以南から東シナ海に生息
旬：秋から春
呼び名：春、桜の時期を「桜鯛」、味が落ちる初夏から夏のものを「麦わら鯛」
食データ：大きさは中ほどがよい。目の下一尺、すなわち1〜2キロのものが味がいいと古くからいわれているが、3キロ級くらいまでがうまい

※幼魚である「春日子(かすご)のすし」はP56へ

南北に長い日本列島では年間を通してうまいタイが獲れる

北海道から南シナ海まで生息域が広い。古代から「鯛(たい)は大位(たいい)、鯉は小位(しょうい)」という言葉のとおり、コイより優る位置にあるとされ、婚礼などの祝い事や、正月に欠かせない。産卵後の夏以外は味がいい。徳島県鳴門産や兵庫県明石産は、ともに地名を冠するほどの人気に。若狭、東京湾、瀬戸内海、豊後水道など、産地を挙げるときりがない。

「腐っても鯛」というが養殖ものでも、天然ものでも目利きが重要

漁後の扱いで味が大きく変わる。最上は釣りもの。一定期間生け簀に泳がせ締めたものが、すしダネとしても頂点。近年、回転ずしで見られるのは、養殖量が増えたため。消費地まで生きたまま運び、万全の状態ですしダネとなるが、養殖場によって味に開きがある。近年、天然ものを出すと脂がのってないと言う客もいるとか。本種の味は脂だけで決まるわけではないのだが。

078

チダイ

血鯛（ちだい）

小さくて可憐な姿から姫を思わせる

養殖マダイになれた舌には、物足りなくなるくらいに味は淡い。むしろ皮から鼻腔に抜ける風味が先に感じられ、甘みやうま味が後からきて、後味がまことに上品。

おさかなデータ

スズキ目タイ科
北海道南部以南に生息
旬：春から秋
呼び名：関東周辺で「ハナダイ」。マダイに比べ小さいので「コダイ」
食データ：古くは婚礼などに出る鯛の塩焼きになった。少々水っぽいのをこんがりと焼き、冷めてもうまいので、折り詰めに入っていた

※幼魚である「春日子のすし」はP56へ

白身

マダイの味が落ちる夏にも上々の味わい

北海道から九州までマダイと生息域が重なる。マダイよりも小型で、浅い海域にいる。小さいときは背鰭が伸びて美しいが、大型になると雄はおでこが張り出し厳つくなる。産卵期が夏から秋にかけてとマダイよりも遅い。関東では釣り物としても人気が高く、本種を狙う乗合船まである。

高級魚ではあるが、少々水っぽく、うま味が薄いということで、マダイよりも安い。刺身以外には焼き物になることが多い。

赤いほど高く、赤みが弱く黄が強くなると安い

関東では稚魚の「春日子（かすご）」のほうがすしダネとしては重要。親のほうは、旬を外れたマダイの代用品という感が強いが、別名「花鯛」と呼ばれるほど皮目が美しく、タイならではの上品な味わいで、すしダネとしても根強い人気を誇る。一般に生で握るが、皮霜造りになることも多い。

キダイ

連子鯛（れんこだい）

すしダネとしては西日本で使われることが多い

皮をつけたまま表面をあぶって握る。やや水っぽくて淡泊なのを、皮目の風味と甘みがおぎなってあまりある。本種の握りはすし職人の創意と工夫が光る。

額のとびだした「でこ」の握り。脂ののった時期には甘みがあり、しかもイヤミがなく、後味がいい。2、3かん続けて食べたくなる握りだ。

おさかなデータ

スズキ目タイ科
本州中部以南、東シナ海、台湾に生息
旬：春と秋だが、年間を通して味がいい
呼び名：「シバ」「シバダイ」と呼ばれるが、古く「しば」は小さいという意味
食データ：魚のうまさは、すり身にするとよくわかる。島根県ではいろいろな魚で蒲鉾を作っているが、ナンバーワンはキダイ

※幼魚である「春日子（かすご）のすし」はP56へ

底引き網などでまとまって獲れタイ科の中では比較的庶民的

マダイよりも水深の深い海域で、より南に生息し、西日本に多い魚。マダイやチダイとはやや系統を異にしていて、もっとも小型。産卵期は春と秋の二回。当然、旬も産卵後以外と長く、マダイなどの味が落ちる時期には重宝される存在となっている。

古くは東シナ海の底引き網などで大量に獲れていたため、様々な加工品になっていて、庶民的なものだった。代表的な産地は長崎県や福岡県、山口県。

赤とは系統の違う黄金色この色合いを生かした握りがいい

西日本を旅していると、しばしばネタケースの中に見る魚である。大型魚は生で、小型魚は酢じめにする。大型の、脂ののったものは非常に味がよく、すし店でも自慢そうに勧められることがしばしば。皮霜造りのすしダネは美しく、淡泊でイヤミのないタイ科ならではの味わい。

クロダイ

黒鯛(くろだい)

黒い皮の下には美しい身が隠れている

海苔の生産量トップ兵庫県明石で揚がった「海苔食いチヌ」。1日生け簀で生かして締めたもので、握るとすし飯の上で身が盛り上がってくる。新鮮なのに甘みが強く、シコシコと心地よい食感が楽しめる。至福の味わいだ。

皮の色が銀黒色なので、皮霜よりも焼霜にしたい。皮の香ばしさ、味わいが楽しめて、ほどよい硬さですし飯とのなじみもいい。しょうゆもいいが柑橘類をしぼり、塩で食べてもうまい。

おさかなデータ
スズキ目タイ科
北海道南部以南から台湾に生息
旬：夏から春先
呼び名：関東では出世魚。小さいときはすべて男の子なので「チンチン」、30センチ前後を「カイズ」、それ以上を「クロダイ」
食データ：千葉県では幼魚「チンチン」を秋に釣り、正月の雑煮のだしにする

白身

江戸時代から冷蔵庫が登場するまでは夏の超高級魚

内湾の岩場や、川の河口近く汽水域に生息している。雑食性でエビやカニ、貝など以外に海藻、スイカなども食べる。関東では成長とともに呼び名が変わる出世魚、小さいものから「チン」「チンチン」「カイズ」「クロダイ」と替わる。小さい時期はすべてが雄で、大きくなると雌に性転換する魚のため、呼び名にもそれが現れている。瀬戸内海では養殖ノリの収穫期に、こぼれたノリを飽食したものをよしとする。

養殖ものはなく漁獲後の扱いで大きく味が違う

野締めはまずく、やはり活け締めにしたものが最高。特に兵庫県明石のように、一定期間生け簀で生かして締めたのは絶品である。すしダネにして味がよく、上品な甘みがある。すしダネにできる高鮮度化されたものを見かける機会が増えてきている。高級すし店でも使われる日は近そう。

キチヌ

黄鰭（きびれ）

西日本では夏を代表する魚

旬の握りは淡泊な中にも充実したうま味があり、ほんのりと甘みを感じる。後味がよくて、強いすしダネの間にはさむとキラリと光る握りに。

兵庫県明石から来た活け締めの皮をあぶって握ったもの。しょうゆで食べても、スダチなど柑橘類と塩というのもいい。

おさかなデータ

スズキ目タイ科
南日本。オーストラリアやアフリカ東岸にも生息
旬：春から夏
呼び名：三重県尾鷲ではクロダイに似ているので「ニタリ」。川で獲れることもあるので「カワダイ」
食データ：熱帯に近づくほどクロダイが少なくなり、本種が主役に。丸ごとを使った炊き込みご飯は絶品

伊豆半島から西の魚だったが東に向かって生息域を広げている

東日本ではめったに出合えない魚。古くから食用としているのは伊豆半島以西。内湾に多く、河口域や川にも遡上する。クロダイの仲間なのだが、実は銀色で、鰭の先が黄金色。見た目にも美しく、食べてもおいしいので、たくさん獲れる西日本では刺身や鍋物にと、頻繁に食卓に上る。

それがここ数年、相模湾や東京湾でも獲れるようになり、関東でもすしダネになることが多くなってきた。

白身魚がもっとも少なくなる夏にうまい、重宝な魚

白身魚が市場から姿を消す梅雨明け。産卵を終えたマダイやヒラメは痩せ、ブリはまだ小さく、旬を迎えるマコガレイは高騰するこの時期、安くてうまいのが本種。残念ながら関東などでは知らない職人が多いが、西日本では夏を代表する魚。見た目の涼やかさも、夏の握りらしいすしダネ。

082

ヘダイ

平鯛(へだい)

比較的沖合にいて、磯臭さなどは皆無

大型がうまい。血合いが美しく白身ダネとして最上級の味わい。皮下、腹の部分に脂がのる。この脂が甘く、うま味が強い。

おさかなデータ
スズキ目タイ科
千葉県以南〜インド、オーストラリアに生息
旬：秋から冬
呼び名：やや白っぽいので「シロダイ」。沖合の潮の速い浅瀬にいるので「セダイ」
食データ：定置網などでたくさん獲れる九州、山陰などでは鍋物にも活躍

白身

比較的沖合にいて磯臭さはまったくない

黒というよりも銀白色。釣り上げると水中でキラキラと光る。この姿から別名シロダイ。標準和名は、口を「への字」にして不機嫌そうに見えることから付いたとも。クロダイやキチヌが内湾や、時に河口から川に入るのに対し、本種は沖合にいる。そのせいか磯臭さなどはまったくなく、漁師さんなどはマダイよりも上品だという。そのため汁にしても味が良く、山陰などでは「へか焼き」という魚のすき焼きにする。

西日本に多く
すしダネとしては西日本のもの

西日本では普通に握りで出てくるが、関東では、すしダネにする店は少ない。見た目が美しく、食べると上品でイヤミのない味わい。小ぶりのマダイの味を思わせるが、それ以上に味わい深い。これを当てられれば超魚通。すし飯との相性もよく、将来、全国的なすしダネとなること間違いなし。

083

ハマダイ

尾長(おなが)

沖縄三大高級魚のひとつ

深場にいる魚は脂がのっているというが、その代表的なもの。甘みのある脂が切りつけた身に均等に入り、うま味が強く、シコシコッとほどよい食感がある。すし飯との相性も抜群にいい。

伊豆諸島に島ずしというのがある。白身をしょうゆにつけて握ったもの。これを再現してづけの握りに。しょうゆ味でどくどくなると思いきや、むしろあっさりと食べやすく、後味がいい。薬味はわさびではなくカラシが流儀。

おさかなデータ
スズキ目フエダイ科
南日本に生息
旬：春から夏
呼び名：標準和名を知る人は少なく、「オナガ」が一般的。沖縄では「アカマチ」
食データ：実は、東京都を代表する魚。伊豆諸島、小笠原が産地で、古くから高級魚として有名

産地は東京から南に点在 沖縄三大高級魚のひとつでもある

南方域のやや深場に生息する魚で、沖縄、鹿児島、東京と緯度の低い海域が産地となる。沖縄ではマクブー（シロクラベラ）、アカジンミーバイ（スジアラ）とともに三大高級魚といわれている。東京には伊豆諸島などから鮮度のいい本種が入荷する。東京の地物魚では、値段的にも味的にも頂点にある。その割にあまり知られていないのは、もっぱら切り身で売られているため。

本来は料亭などで使うもの すし店で使い出したのは不況のせい

体長一メートルにもなる大型魚のため、細々とした魚を仕入れるすし店としては買いにくい存在だった。それが不況のせいで魚が売れないため、二分の一、四分の一で売られるようになり、すし店でも使われるように。白身魚なのに深みのある味、握って美しい。不況が去っても、本種がネタケースから去ることはないだろう。

ヒメダイ

姫鯛(ひめだい)

現代の江戸前、東京を代表する地魚

まったくイヤミのない味で、上品で淡泊だがうま味に欠けるという人も多い。ただ実は強いすしダネの間に挟むとビックリするくらいにおいしく感じる。名脇役的存在。

おさかなデータ
スズキ目フエダイ科
南日本に生息
旬：春から夏
呼び名：東京都では「オゴダイ」、鹿児島県では「ホタ」
食データ：東京では高級白身のひとつ。上品な味わいから料亭などで使われている

白身

地味で華やかさはないけれど通好みの魚

比較的暖かい海域から熱帯にかけて、やや深海にすむ魚。さほど赤くもなく、体長五十センチほどの細長い体型なのに「鯛」がつく変わり種。本種をはじめとするヒメダイの仲間ではもっとも北に生息する。

沖縄や鹿児島県でも揚がるが、東京の諸島部が最大の産地。赤身よりも白身が好まれた戦後、昭和期までは魚河岸でもっとも高価な魚のひとつだった。

すし職人に教わって初めてわかる白身の存在理由

上品で、可もなく不可もなくといった味。長い間、本種の握りのよさがわからなかった。これが握りを食べる順序で、初めてよさに気づくことに。特にウニや大トロなどの後にはなくてはならない存在。ほどよい甘さやうま味、後味のよさに身震いをするほどに白身のよさを痛感。すし店のカウンターに座る意味がわかるすしダネだ。

フエダイ

笛鯛（ふえだい）

夏が近づくにつれて味が良くなる

鹿児島で活け締めにして空輸したもの。切りつけると身が盛り上がり、すし飯の上で、じわっとねじれる。シコッとした強い食感に強い甘みがあり、強いうま味が舌を喜ばせる。白身の良さを生かすため、柑橘類と塩で。

おさかなデータ

スズキ目フエダイ科
南日本、小笠原に生息
旬：春から夏
呼び名：沖縄では「イクナー」、鹿児島では「シブダイ」
食データ：刺身の味は天下一品だが、一番のおすすめは「みそ汁」。驚くほどうまいだしが出る

常夏の九州、沖縄で夏の魚の代表的なもの

亜熱帯、熱帯期域の浅場に生息する中型魚。口が口笛を吹く形に似ているので、この名前に。フエダイ科は魚類の中でもっとも多くの種が属しているが、本種はその代表。外見は目立たない平凡な姿だが、味のよさは白身の中でも傑出。鹿児島県、沖縄県を代表する高級魚であるが、関東などに希に入荷したときも高値となる。普段は透明感のある白身が、春から夏の旬には脂で白濁して、刺身に切ると盛り上がってくる。

一般的な白身の概念を超える味 すしダネとして頂点のひとつ

非常に美しい身で、淡泊に見えるが、実に味が濃い。旬には脂が甘く、味にボリュームがある。白身というと、ウニやマグロなど強いすしダネの合いの手くらいに思われているが、本種をつまむと、その考え方がガラリと変わる。しかも、本種の場合、熱帯のすしダネらしく、後味がいい。

ハマフエフキダイ

浜笛吹鯛
東京湾でも揚がる、生息域の広い魚

口に入れた途端に上品な甘みがくる。シコシコッと強い食感があり、噛むほどにうま味がしみ出てくる。すし飯との相性もよく、白身としてまことに味わい深い。

おさかなデータ
スズキ目フエフキダイ科
南日本に生息
旬：春から夏
呼び名：口の中が赤いので「クチビ(口火)」、沖縄では「タマン」
食データ：沖縄ではクチナジー(イソフエフキ)とともに、食堂での登場回数が多い。皮つきの刺身や、みそ汁が定番

白身

沖縄三大高級魚になったりならなかったり

浅い珊瑚礁や岩場にすむ磯魚で、熱帯から外房まで、広い地域で食べられているフエフキダイ。標準和名の「はま」は、古くは「大きい」という意味があった。体長一メートルを超える超大型の魚なのだ。沖縄三大高級魚はアカジンミーバイ(スジアラ)、マクブー(シロクラベラ)、アカマチ(ハマダイ)とされるが、マクブーの代わりに本種を上げる人も。味がよく値段がほどほどなのも人気なのだろう。九州、沖縄ではバター焼きに魚汁(みそ汁)にと食卓に上る機会も多い。

熱帯ではヒラメに代わる白身
あまり高くないのもありがたい

すしダネとしても、南日本ではヒラメに代わる存在。沖縄を代表する高級魚、アカジンミーバイと比べ手頃な値段もありがたい。淡泊な中にうま味がたっぷり感じられ後味がよく、飽きが来ないのも優れた点。

イシダイ

石鯛(いしだい)

磯の王様は値段もすごい

小ぶりのサンバソウの握り。小さいのにうま味が強く、シコッとした食感を楽しめる。すし飯との相性も抜群にいい。

大型 高　小型 並

沿岸の磯で獲れる高級魚

小さいときには黒い横縞(→P215)がくっきりして、歌舞伎三番叟烏帽子に似ているので「サンバソウ」ともいう。大きくなると横縞が消えて口が黒くなり「口黒」。小さくても味が良く、食感の強い白身で好んで握るすし職人も多い。当然うまい握りだが、値段は時価である。

おさかなデータ
スズキ目イシダイ科
日本各地に生息
旬：秋から初夏
呼び名：小さいものを「サンバソウ」
食データ：産地では、鱗ごとたき火に放り込み蒸し焼きに

イシガキダイ

石垣鯛(いしがきだい)

透明感のある見事な白身

1キロほどの脂ののったもの。シコシコとして心地よい食感で脂が甘く、うま味が強い。ほどよい硬さですし飯との相性もいい。

高

イシダイとともに魚河岸では石ものという

比較的暖かい海域の浅い岩礁域にいて、ウニやサザエを強い歯と顎でばりばりと噛み砕き食べる。四国、九州では盛んに薄作りにして食べられている。ただし高級魚なので毎日というわけにはいかない。強い食感とうま味、甘みがあり、すしダネとしても重要。

おさかなデータ
スズキ目イシダイ科
本州中部以南に生息
旬：秋から初夏
呼び名：大きくなると口が白くなり「クチジロ」
食データ：フグのように薄作りにしてうまい

088

アカアマダイ

甘鯛(あまだい)

滅多にお目にかかれない高級魚

島根県石見(いわみ)地方から来た高鮮度のものを切りつけ、そのまま握ったもの。非常に甘みが強く、すし飯となじみやすい硬さ。一度食べたらやみつきになる握りだ。

おさかなデータ

スズキ目アマダイ科
本州中部以南から南シナ海に生息
旬：秋から冬
呼び名：京都・大阪では「グジ」。一般的にはこちらの呼び方が知られている
食データ：非常に身が柔らかく、下ろすのがとても難しい。これを浜で開いて、塩をして京都に送ったのが「若狭グジ」

白身

古く関東では猫またぎだったが今では一転、お宝に

やや深場の砂地に穴を掘って暮らし、流れてくるエサを巣穴近くで待ち受けている怠け者。そのせいか身がぶよぶよと柔らかく、鱗などを手荒くひくと身が崩れてしまう。まことに取り扱いにくい魚で、面倒なので魚のくず、「屑魚(くずうお)」などと呼ぶ地域もある。それが京料理である若狭焼きが広まってもっとも高価な魚に大変身。今ではマダイの二倍、三倍は当たり前である。また、近年高鮮度化が進み、生で食べられるようになり、ますます値段が上がりそう。

一般的に昆布じめにして使うが最近流行りなのが生の握り

水揚げしたばかりの刺身は絶品だが、鮮度が落ちやすく、漁師や一部の人だけが知る味わいだった。これが流通の発達から消費地でも味わえるように。生の握りは、昆布じめなどとは別格の味。ただし、値段の方も別格なので要注意。

089

メダイ

目鯛(めだい)
江戸前で今も健在な並ずしダネ

島根県で揚がった大型の腹の部分。口に入れるとトロッとしているが、シコッとした食感もあり、じわりと舌にうま味が感じられる。すし飯とのなじみもベストに近い。

中型を昆布じめにしたもの。淡泊でイヤミのない味が昆布との相乗効果で美味となっている。すし飯との相性も最高にいい。

おさかなデータ

スズキ目イボダイ科
南日本、小笠原に生息
旬：秋から冬
呼び名：目が大きいので「メブト(目太)」、ずんぐりしているので「ダルマ」
食データ：西京漬け、鍋物、ムニエルにフライ。刺身も昆布じめもうまい。どんな料理にも向く万能の魚だ

古くから使われてきた江戸前の魚

本州から九州までのやや沖合にいる一メートル前後になる大型魚。地味で、体から大量の粘液を出すので、決して見栄えのいい魚ではない。目が大きいのが特徴だが、これは深海に生息するため。

江戸言葉で「めでぇ」といい、東京ではなじみの惣菜魚で、煮つけなど人気が高い。対する関西以西ではやや値がはり、あまり人気がない。代表的な産地は島根県など山陰、長崎、高知、鹿児島など。東京湾内房なども産地で、江戸前も健在である。

昆布じめは古くからの並ネタのひとつ 生の握りは特上ネタ

東京湾や三陸、静岡など産地が近い東京では、古くから昆布じめが定番的なすしダネとなっている。これが大型で、脂ののったものが手に入ると、生ですしダネになる。イヤミがなく、しかも奥行きのある味わいで、特上ネタのひとつ。

イボダイ

疣鯛(いぼだい)

開き干しで有名だが、鮮魚は高級品

酢じめにして皮つきのまま握ったもの。まったりした甘みと、脂のこくが感じられて、すし飯と一緒になってもうま味が続く。後味がいいので強いすしダネの後などにもよい。

生で握ると一瞬、魚の正体がわからない。脂が身全体に回り、酸味はほとんどなく、丸みのある味わい。

おさかなデータ
スズキ目イボダイ科
東北以南、東シナ海に生息
旬：秋から夏
呼び名：「イボダイ」は東京での呼び名だが、実際には「えぼだい」。「い」を「え」と発音する江戸っ子言葉を標準語に訂正した
食データ：なぜか、徳島県人はイボダイがないと生活できないくらいに大好き

白身

江戸時代からなじみ深い魚だが主な産地は西日本

東北以南のやや深い場所に見られる魚だが、主な産地は瀬戸内海や東シナ海。鮮度が落ちやすいので、加工品、特に開き干しになることが多い。本種の開き干しは味がいいので有名。人気の高まりとともに近縁種が世界中から輸入されるほどだ。生で食べる習慣があるのは主に西日本。特に瀬戸内海周辺、徳島県などではスーパーなどにも刺身が並んでいる。

地味な存在で、目立たないが古くからの江戸前ネタ

一説に、握りずしを考案したとされる江戸時代文政期の両国・花屋与兵衛の子孫が明治に出した江戸前ずしの書には「いぼだいのすし」がある。本種は江戸前ずしの光りものとして重要なものであったようだが、今では主に西日本で使われ、関東では目立たない存在に。流通の発達から生で使われることも多く、酢じめの味も一級品である。

センネンダイ

千年鯛（せんねんだい）

本州では千年に一度の美味

血合いが鮮やかに赤く、切りつけた身の表面に乳白色の脂が見える。この脂がとろりと甘く、ほどよい食感で、すし飯となじみながら濃厚なうま味を感じさせる。熱帯域で味わえる最上級の握りだ。

皮はやや硬い。沖縄流に生の皮つきで握ってもうまいが、少々すし飯とのなじみが悪い。それで皮目に熱湯をかけて、皮霜造りにし、握りに。皮があるだけで握りとしての味わいが増す。

おさかなデータ
スズキ目フエダイ科
南日本に生息
旬：春から初夏
呼び名：沖縄県では「サンバナー」
食データ：私見ではあるが、大型は熱帯域ではもっとも美味な魚。まことに千年に一度の美味

身が締まり、うま味が十二分にある熱帯系魚でもっとも美味な魚

主に熱帯の珊瑚礁などに生息する一メートルを超える大型魚。希に四国や和歌山県などでも揚がる。和歌山では非常に珍しく、「千年に一度しか獲れない」ということで「千年鯛」の名がついた。

産地の鹿児島県、沖縄、小笠原などで超高級魚。赤い体色と名前のよさから祝い事に使われる。沖縄県では、親族が集まって祝いごとをするおめでたい日に鮮魚店で本種を買い込む光景が印象的。

大きいほど味がいいがそれを下ろすのは格闘技を見るよう

赤い皮を引くと、まず目を惹くのが血合いの美しさ。その下に白い脂の層があり、透明感のある身がある。層になった脂が甘く、身に強いうま味がある。沖縄では皮つきのまま刺身やすしダネにするが、やや皮が硬く、すし飯とのなじみが悪いので、皮を引いて、また皮霜造りにして握りに。

092

アカマンボウ

万鯛
まんだい

「超」派手な魚、切り身はいろんな魚に化ける?

腹側の中骨に近い部分の握り。すし職人の判断で煮切りを塗ってみた。見た目はマグロに近いが、比べてしまうとややうま味も脂も薄い。ただし白身よりも味があり、きめの細かい身質。すしダネとしていける味だ。

おさかなデータ

アカマンボウ目アカマンボウ科
世界中の暖海域に生息
旬：年間を通して
呼び名：身体の形が似ているので「マンボウ」。いろいろ人騒がせな姿なので「モンダイ」
食データ：切り身はマグロのようでマグロでない。カジキのようでカジキでない。産地ではバター焼きやお刺身がおすすめだという

主にマグロなどの漁業基地に揚がる外見は怪魚、中身は普通の魚

世界中の暖かい海域をゆったりと回遊している、成長すると二メートルを超える大魚。マンボウと同じようにクラゲや小さなエビを食べているので、仲間だと思われていたようだ。マグロ延縄漁などで獲られる魚で、マグロ漁業の水揚げ基地のあるところが産地。だれもが「なんの仲間なの」と聞く。仲間には変な形の魚が多く、代表的なものにリュウグウノツカイがいる。

切り身にするとマグロに似ている握りになるともっとそっくり

身に赤みがあり、切り身にするとキハダマグロに似ている。背側はあっさりとして淡泊、腹には脂がある。ただし腹のいちばん脂のある部分でも大トロとはいかず、中トロ未満といったもの。じっくり食べてみるとマグロとは似ても似つかない味である。握りにして白身と赤身の中間的な味わい。安くて、なかなかうまいすしダネ。

白身

093

金時鯛 (きんときだい)

チカメキントキダイ

ざらざらの皮下に超美しい白身が

クセのない白身で、しょうゆ・わさびだけではなく、「ゆずこしょう」などで食べてもいい。見た目もすし飯とのなじみもよい、小粋な握り。

甘みが強く、うま味がほどよく感じられて、しかもイヤミがない。品があるのに味わい深い握りである。柑橘類をしぼり、塩で、というのがまた定番。

おさかなデータ

スズキ目キントキダイ科
南日本に生息
旬：秋から冬
呼び名：木曾義仲の家来の名「金平(カネヒラ)」、歌舞伎登場人物「景清(カゲキヨ)」など、荒武者の名がついている
食データ：鍋物に焼き物、どんな料理でも味がいいとプロに評判

歌舞伎役者も裸足で逃げるほど姿はハデでも中身は見事な白身

比較的暖かい海域の浅場に生息。沿岸で獲れるため、関東でも頻繁に魚河岸に並ぶ。量的に少ないため一般にはあまり知られていない。キントキダイの仲間は種類が多く、南に行くほど食用魚として重要性を増す。もともとは南日本の魚だが、年々北に生息域を広げている。主な産地は青森県、千葉県、静岡県、紀伊半島、四国、九州など。

すしダネの白身として上質 脂はまったりとして甘い

和名はむかし話に出てくる金太郎の別名「金時」からで、その衣装が赤いのにたとえたもの。真っ赤な皮の下にやや赤みがかった白身が隠れている。旬の時期の身は厚みがあり、硬く締まって強いうま味と、ほどよい甘みがあるので、関東のすし職人の間でも、値段以上に使える魚として定評がある。わさびにしょうゆでだけではなく、ゆずこしょうや柑橘類と塩などもいい。

カゴカキダイ

駕籠舁鯛
（かごかきだい）

すしダネとなるために生れてきたよう

小魚なので片身で1かんから2かんの握りにしかならない。血合いが赤く、身に透明感がありすしダネとして美しい。すし飯とのなじみもよく、インパクトのある握り。

おさかなデータ
スズキ目カゴカキダイ科
茨城県、山陰以南に生息
旬：秋から冬
呼び名：見事な黒い縦縞（→P214）が狂言の衣装に似ているので「キョウゲン」「キョウゲンバカマ」
食データ：海辺で獲れたてを、鱗も取らずそのままたき火に放り込む。真っ黒になったものを取り出すと、中が蒸し焼きに。真っ白な身は驚愕の美味

白身

浅い磯などに普通に見られる魚で一般的認識はただの雑魚

浅い岩礁域に見られ、関東から西では防波堤から簡単に釣れる小魚。本種を対象にする漁はなく、定置網などに混ざって獲れ、一般的に雑魚として扱われている。まるで阪神タイガースのユニホームを思わせる、このハデな魚が驚くほどうまいとは、産地の一部の人にしか知られていなかった。

関東にも少量入荷するが、刺身、塩焼き、丸干しを食べると、俄然評価が高まる。まだ安い魚だが、確実にファンが増えている。

脂が層になって皮下に溜まる これが強い甘みを放つ

年間を通して味のいい魚だが、旬は秋から冬にかけて。寒くなるにしたがって、皮の下に脂が層になって溜まっていく。普段はうま味のある上品な白身。旬になると、そこに脂の甘みが加わる。小魚なのにボリュームある、奥の深い味わいだ。このように、小魚で味のある魚がもっとも握り向き。

095

アオダイ

青鯛(あおだい)

東京などでは古くから高級とされている白身魚

鹿児島県からの空輸便を握りに。透明感があり、非常に血合いが美しいが、実は見た目以上にうま味が濃い。すし飯と一緒に濃厚に舌にからみつき、しかも後味がいいのは、なぜなのだろう、と不思議なくらい。

おさかなデータ
スズキ目フエダイ科
南日本に生息
旬:春から夏
呼び名:鹿児島県では「ホタ」、沖縄では「シチューマチ」
食データ:どのような料理にも合う、万能の白身魚。沖縄では皮つきのまま刺身にして、辛子酢みそなどで食べる

熱帯の深場にいる高級魚 東京を代表する魚でもある

南の海域にいる中型魚。東京では伊豆諸島、小笠原、鹿児島から沖縄にかけての島々で獲れる。東京の魚河岸ではヒラメ、カレイとともにフエダイ科のオゴダイ(ヒメダイ)、オナガ(ハマダイ)、本種が白身魚の代表的なもの。都下諸島部が産地なので高級料理店などで盛んに使われている。

主に刺身になり「煮る、焼くには高すぎる」という認識が。春から夏にかけて、白身魚が少なくなる時期に旬を迎えるので、魚河岸で値が跳ね上がることもしばしば。

困ったときのアオダイという 言葉があるくらい、間違いなく上質

江戸前ずしで使われ始めたのは戦後からと思われる。今では東京都内神津島、鹿児島県などの産地から、消費地に一日で入荷してくる。鮮度がよい上にうま味が強いので、すし飯に負けない。東京などの産地では、ヒラメと同等に使える白身。

メイチダイ

目一鯛 (めいちだい)

秋の白身の王様的な存在

握りにしてもっとも美しいもののひとつ。この見た目に、淡泊な味だろうと思ったら、実に味わい深い。イヤミのない1かんで、いくつでも食べられそうに思えてくる。

褐色の横縞(→P215)が目の中にも一文字に通っている。

おさかなデータ
スズキ目フエフキダイ科
南日本に生息
旬：秋から冬
呼び名：とにもかくにも目が特徴的。「メイッチャ」「メダイ」
食データ：なんといっても生で食べるのが一番。透明感のある白身なのに、刺身のうまさは天下一品

秋になるとやってくる白身の世界の貴婦人

岩などが多く外洋に面した浅い海域に小さな群れを作る典型的な磯魚。特徴的な模様がなく、成長して四十センチ前後。まことに目立たない地味な存在で、味のよさはあまり知られているが、そんなに高値をつけることはない。上手に締めると金色に発色する。関東から南の太平洋岸から、活け締めか活魚で入荷するが、代表的な名産地はない。あまり獲れないので旬が曖昧だが、秋のものは絶品。豊かなうま味に満ちている。

「よくできた、白身魚の握り」そんな単純な表現では伝えきれないうまさ

「触っただけで、うまそうに感じる」といった魚通がいる。身に厚みがあり、表面のヌメリに脂ののりを感じる。当然、すしダネにして、その十数グラムの中に濃厚なうま味と甘みがあり、白身なのにインパクトが強い。高級魚だが、超はつかない。意外に手頃な値段の握りかも。

白身

097

キンメダイ

金目鯛（きんめだい）

すしダネとしても刺身材料としても新参者

見ている間に表面の脂がきらきら溶けてくる、脂ののった地キンメ。口に入れた途端に甘みが広がり、すし飯とすぐになじんで消えてしまう。魚らしい味わいもしっかりあるから偉大である。

地キンメの皮目に熱湯をかけて、皮霜にし、握ったもの。口に入れた途端の口溶け感はないものの、後から来る甘みが強い。

おさかなデータ

キンメダイ目キンメダイ科
北海道以南の太平洋側。世界中の深海に生息
旬：秋から冬だが、年間を通して味がいい
呼び名：キンメダイの中でもっとも高価なものを「真金」「カゲキヨ」などとも
食データ：産地で名物になっているしゃぶしゃぶは本種究極の料理。昆布だしで表面が白くなるくらいにしゃぶしゃぶ。ポン酢がいいな

庶民的な魚が高級魚にローカルな魚から全国区に

世界中の水深二百メートル以上にいるので、手こぎ船などで漁をしていた時代の人は知らなかった。食用魚としては意外に新しいが、関東ではなじみ深い惣菜魚のひとつ。伊豆諸島、伊豆半島、千葉県が主な産地。高知県、長崎県などでも水揚げされ、チリ、アメリカなど海外からの輸入も多い。関東では伊豆半島などで獲れる「地キンメ」と呼ばれるものを珍重し、高値がつく。脂が強く、産地から入荷するのに時間がかかったので、生食は近年になってから。

最初は産地ですしダネになり、徐々に消費地にも広がった

最近、０レーン（→Ｐ15）の回転ずしなどでも定番的なすしダネに。伊豆稲取・下田、伊豆諸島新島産のものは「トロキンメ」といい口の中でとろける、まるで大トロのような食感。地キンメは高価なので、握りにしても時価表示になり、特上ネタ。

エビスダイ

恵比寿鯛
表面を覆うのは宝石のような鱗

透明なガラスのような鱗の下には赤い皮があり、これを皮霜にして握ったもの。白身なのに適度に脂がのって、すし飯との相性がいい。

おさかなデータ
キンメダイ目イットウダイ科
南日本に生息
旬：秋から冬
呼び名：体の表面が非常に硬く包丁が通らないほどなので「ヨロイダイ」「グソクダイ」
食データ：科より上の分類からするとキンメダイの仲間。当然、鍋にするとキンメダイに負けないくらいうまい

白身

あまり獲れないので見つけたら「えびす顔」

沿岸の定置網や釣りで獲れる魚だが、なぜかいつも一尾だけぽつんと置かれている。全身にラメをつけたようにキラキラ。この鱗がガラスのように硬く、触ると痛い。名前の「えびす」とは、七福神の一つ〝五穀豊穣の神〟を指すほか、遠い国から流れ着くもの、異界を思わせる存在のことでもある。いにしえの人も、まるでこのルビーのような、まばゆい魚体に驚きを感じ、この名をつけたのかも。

包丁がボロボロになるほど鱗が硬い知らない人は手が出ない魚

市場で本種を下ろしているプロが、「コイツを下ろすと包丁を研ぎ直しだ」と嘆くほど鱗が硬い。鱗の下には赤い皮があり、そのまた下に真っ白な身が隠れている。この白身は、ヒラメなどとはまったく別物。味わい濃厚でインパクトが強い。しかも後味がよく、すしダネにもってこいなのだ。

メジナ

目仁奈 (めじな)

日本海が荒れると大獲れする、磯魚

四国などで皮をわらなどの火であぶり、切りつけたものを焼き切りというが、これをすしダネにしたもの。皮のうまさ、脂の甘さ。どことなく野性味を感じさせる握りに。

厳寒の島根半島に大量に水揚げされたもの。一見タイにも思える美しい握りだが、味は濃くて、食感も強い。

おさかなデータ

スズキ目メジナ科
新潟から房総半島以南に生息
旬：秋から冬
呼び名：関西では「グレ」、山陰で「クロヤ」。サケが獲れ始める頃によく釣れるので「サケノツカエダイ」
食データ：徳島県の漁師は皮つきのままたき火に放り込み、表面が真っ黒に焼けたら、火箸で皮をとる。中からは蒸し焼きになったうますぎる身が

磯などに一年を通しているのと少し沖合にいるものの二種をいう

暖かい海域の磯や浅場にいる、真っ黒でコバルトブルーの目を持つ魚。食用魚としてよりも、釣りの対象魚として熱狂的なファンを持つ。磯周りに一年を通しているメジナと、やや沖合にいるクロメジナの二種の総称。夏には磯臭さがあり嫌われるが、寒くなるほど味がよくなり、山陰などでは「冬のクロヤ（メジナ）はタイより上」と。

メジナの代表的な産地は北陸から山陰にかけて、日本海が荒れると大量に獲れる。クロメジナは房総半島以南の太平洋側。

山陰では寒い時期を代表する魚大量に獲れて安いので人気

クロメジナは比較的年間を通して食用になるが、夏のメジナは見向きもされない。ところがダウンジャケットを取り出す頃には、下ろす包丁にべったりと脂がつき、切りつける身の表面にも脂が浮き上がってくる。皮のうま味を活かした握りもいい。

100

イサキ

鶏魚(いさき)

麦を刈り、夏が近づくと思い出す魚

梅雨の真っ盛りに揚がった活け締めの握り。血合いが鮮やかに赤く、切りつけた身に脂がのっていて甘い。すし飯と合わさるとゴージャスな味になる。

秋に上がった瓜坊と呼ばれる若魚。手のひらサイズなのに脂が皮下に層を作って甘みがある。片身1かんのすし職人好みのすしダネ。

おさかなデータ
スズキ目イサキ科
東北地方以南に生息
旬：春から夏
呼び名：麦の収穫期に味がいいので「麦わらイサキ」。同じように「梅雨イサキ」。ほか「イサギ」「イッサキ」
食データ：夏になると無性に食べたくなるのがイサキの塩焼き。塩焼きの王様ともされる

白身

江戸時代よりの塩焼き魚 刺身は新しい食べ方

外洋に面した浅い磯回りなどに群れを作って生息している。東京では江戸時代以来、主に塩焼きに。今でも内房や三浦半島など東京湾内で獲れている。関東から宮崎県まで、山陰から天草周辺までが主産地。

夏に旬を迎え、季語も夏。旬の塩焼きは江戸っ子もうならせた味だろう。これを刺身で食べるようになったのは意外に新しく、高度成長期以後のことのように思う。

小さくても大きくても脂がのっている

生まれて約一年の二十センチ前後までを「瓜坊(うりぼう)」と呼ぶ。イノシシの子と同様、黄色い模様があるためだ。小さくても味がいいので、すしダネに使える。もちろん大きいほどうまいが、ブリのように大きな差がない。また、体長五十センチ近いものは、三重県尾鷲などでは超高級魚。これを握りにすれば、圧倒的なうまさを誇る。

101

コショウダイ

胡椒鯛(こしょうだい)

西日本のすしダネから全国区に

白身で独特の風味があるが、皮目をあぶると香ばしさが加わり、よりうまくなる。ほどよい硬さですし飯との相性も良く、見事な握りだ。

関西以西では白身の定番だったもので、血合いが美しい。握りに仕立てても品のある白身で、何かん食べてもイヤミがない。

胡椒に似た斑点がある。

おさかなデータ

スズキ目イサキ科
山陰、下北半島以南の日本海、太平洋に生息
旬：春から夏。寒い時期にも味がいい
呼び名：本種が大好きな大分県では「コタイ」だが、「小鯛」ではなく意味は不明。ほか、「トモモリ」など
食データ：夏の塩焼きの代表はイサキだが、本種も親戚のせいか味がいい

温暖化のせいか年々獲れる量が増えて値下がり気味に

伊豆半島から西、岩礁の多い浅場にいる。形はまさしく鯛形で、体長七十センチ前後になる大型魚。あまり大きいと寄生虫がいるというので、プロは三十〜四十センチほどの中型を好む。本種名の「こしょう」は香辛料の胡椒に似た斑点があるためとされるが、むしろ殿様に控える「小姓の装束」に似ているからではないか、と思っている。

波の荒い磯回りに多いのでほんのり磯の香りがする

磯に多いので、独特の磯の香りがほんのり。臭みはなく上質な白身。煮ても焼いてもうまいが、なんといっても刺身が一番。すしダネとしても一級品。古くは西日本の定番的なすしダネだったが、温暖化のせいか漁獲量が増え、関東でもおなじみに。歩留まりのいい魚のため、日本各地の回転ずしなどでも出合う機会は多い。味のいい白身なので、見つけたら味わって欲しい。

102

コロダイ

胡盧鯛(ころだい)

イサキの仲間でもっとも血合いがきれい

種名を明かさないで出したら、悩みそう。甘みがあり、噛むと、じわりとうま味が浮き上がってきて、すし飯と混ざって、バランスが良く、後味がいい。うますぎて困る、そんな握りだ。

イノシシの子のような黄色い斑点がある。

おさかなデータ

スズキ目イサキ科
下北半島以南に生息
旬：春から夏
呼び名：三重県では貝が好きなグレ(メジナ)という意味で「カイグレ」。「キョウモドリ」「ヨノミ」などとも
食データ：和歌山では、小ぶりは不味く、行商の魚屋が売れずに街を回るので「マチマワリ」と呼ばれるが、実は小さくても味のいい魚

コショウダイとは兄弟 鯛形のイサキ科の魚に美味なもの多し

コショウダイに似て磯や岸近くの浅場に多く、より暖かい海域に生息している。本来、鯛形のイサキは熱帯にいるが、この二種はもっとも北に生息。これらは白身として世界的に重要な魚。温暖化とともに一般の食卓にも上るようになる可能性が高い。「ころ」とは和歌山県などでイノシシの子供を指す言葉。イノシシの子と同様、背中に黄色い斑点がある魚という意味。本種は非常にきれいな魚だ。

クセがなく、血合いがきれいで歩留まりがいい

クセがなく、上品でいながらうま味があり、ほんのり甘い。見た目にも、切りつけて血合いがきれいなことなど、まさに完全無欠。この欠点のなさが欠点、というすし職人もいるほど。獲れる量が増えてきているので地方の回転ずしにはすでに登場。全国的なすしダネになる日も近い。

白身

103

アイナメ

鮎並（あいなめ）

江戸前を代表する高級魚

旬を迎えた初夏のもの。白く見えるのは身に脂が混ざり込んでいるから。これが甘く、そしてうま味も十二分にある。シコシコした食感があって、すし飯と混ざって後味がいいので、ついついもう1かんとなる。

定番的な焼霜の握り。皮にうま味があり、香ばしい香りもプラスしたもの。すし飯との一体感も味わえる。

おさかなデータ

カサゴ目アイナメ科
北海道から九州までの比較的浅場に生息
旬：春から夏
呼び名：体がぬるぬると油を塗ったようなので「アブラメ」。岩場で始終獲れるので「シジュウ」
食データ：高級料亭など、お吸い物の実で出てくる。切り身の表面にくず粉をつけ、昆布だしに落とす。お吸い物の最高峰とされる

シーボルトが奥さんの名を種名につけた

波打ち際に近い浅場に生息する根魚。産卵期にはつがいになり、雌が岩のくぼみに生んだ卵を雄が大事に守る。産卵期前の春からが旬で、夏の白身の代表とされる高級魚。内湾の身近な海域に多いので、日本各地の動植物を収集して国に持ち帰ったシーボルトが、妻の名前「オタキ」を種名（ラテン語）につけたことでも有名。

「鮎並に味がいい」が和名の語源だが

アユに負けないくらい味のいい魚なので「鮎並」となった。広島県ではうますぎて、ご飯をついつい食べ過ぎ、翌年の籾種まで炊いてしまうので「モミダネウシナイ」ともいう。すしダネの世界でも夏の白身として最高峰のひとつ。白身なのに甘みが強く、しかも後味が上品。アイナメの握りを食べるためにすし屋通いして、財産をくいつぶす、それほどにうまい。

104

ホッケ

䱻 ほっけ

開き干しで有名になりすぎた北国の魚

函館から入荷のネボッケの活け締め。握りとしてもきれいで、口に入れた途端に脂の甘さがくる。それでいながら後味がいいのが不思議だ。

写真：独立行政法人水産総合研究センター

おさかなデータ

カサゴ目アイナメ科
日本海から茨城県以北、オホーツク海に生息
旬：春から夏
呼び名：大型であまり移動しないで同じ海域にいるものを「タラバホッケ」「ネボッケ」
食データ：庶民的な開き干しだが、大型のネボッケは別格。北海道の炉端焼きで出てくると1尾で4人前にはなる

白身

戦後の食糧難のときに大量に関東などに送られた

日本海や東北、北海道で獲れる大衆的な魚。大きくなるに従い漁業者の間での呼び名が変わり、「ロウソクホッケ」「チュウホッケ」「タラバホッケ」。大きくなるほど味がよくなり、値段も上がる。戦後食糧難の時期、冷蔵もままならない状態で入荷した本種を食べた人が、今でも「まずい魚」と言う。そのせいか関東では安い。

産地は主に北海道。一定の場所にとどまる「ネボッケ」というのが有名で、これを活け締めにしたものが入荷してくる。

日本海や北海道で網取りしたものと別格の釣りものの活け締め

近年、函館などから釣りもので、生きているうちに締め、空輸したものが関東にもやってきている。これが別格にうまい。アイナメの仲間だが脂が強く、そして甘みがある。すしダネとしても、口の中でトロッと甘いので、徐々に人気を博している。

105

スズキ 鱸 すずき

平清盛に天下をとらせた縁起のいい魚

脂ののった梅雨明け時季の天然もの。白濁して見えるのは脂で、口に入れるとほんのりと甘みが感じられ、シコシコした食感が涼やかでうまい。

養殖ものは年間を通して脂があり、築地などに生きて入荷しているので透明感がある。すしダネとしては優秀だが、スズキらしい野性味に欠ける。

おさかなデータ

スズキ目スズキ科
日本各地から南シナ海に生息
旬：夏
呼び名：出世魚。生まれたばかりを「コッパ」、大きくなるに従って「ハクラ」「セイゴ」「フッコ」「スズキ」
食データ：なんといっても「洗い」がいちばん。生きたまま締めて冷水で洗うと身がきゅっとしまる。涼やかな夏の味

江戸時代よりの塩焼き魚
刺身は新しい食べ方

内湾などに多く、小さい時期には淡水にも上る。陸に近い場所で獲れるので、都市部でもなじみ深く、江戸時代から釣りの対象魚として人気が高い。古文書などにも数多く書かれていて、舟に本種が飛び込み、それを「吉事」と祝った平清盛を、太政大臣にまで導いたとも。江戸時代の『魚鑑』では「夏の珍、これに過ぐるものなし」ともある。また、人気の高さから最近では養殖も盛んになり、旬を問わず脂がのっているので、すしダネとしての登場回数が増えた。

すすいだように美しい白身
夏に清涼感を生む

夏の白身の代表的なもの。古くは冷水のなかでかき回し、身を締めて食べる「洗い」が基本だったが、近年では流通の発達から刺身が普通になっている。すしダネとしても夏の代表格。産卵期を控えて、荒食いした脂ののったものの握りは天下一品。

ヒラスズキ

平鱸(ひらすずき)

夏のスズキ、冬のヒラスズキ

切りつけたものからは、魚が想像できない。血合いが薄紅で、黒い筋がない。口に入れて、まったくイヤミがなく、すし飯にほどよくなじんで美味。

おさかなデータ

スズキ目スズキ科
主に房総半島から九州まで生息
旬：秋から冬
呼び名：やや外洋に面した場所にいるので「オキスズキ」、スズキよりもうまいので「ホンスズキ」
食データ：スズキは淡水や汽水域にいるので微かに臭みを感じることがあるが、本種は臭みなど皆無。マダイのように上品なので、決して洗いにはしない

長年、分類学でスズキは二種類とされていたでも漁師は二種をしっかり分けていた

古くから漁師達は、スズキには外洋の荒磯などにいるタイプと、内湾にいるタイプがあるのを知っていた。しかし分類学で別種とわかったのは、戦後十年以上経ってから。漁師は「外洋のスズキ」のほうが美味で、高値がつくというのを古くから知っていたようだ。淡水には入らないので、クセのない白身がまるで鯛のように上品。内湾のスズキが夏だけの高級魚であるのに対し、年間を通して高く、入荷量も少ない。

完全無欠の白身、刺身は間違いなくトップクラスの味

スズキは夏だけの上ネタでしかないが、本種は年間を通して値の張る上ネタ。特に冬が美味で、特上ずしにふさわしい。白身の代表格であるヒラメの代わりも務まる。切りつけたすしダネの色合いが美しい、味にイヤミがなく、甘みがあって、食感もいい。握りとしての完成度も高い。

白身

クエ

九絵（くえ）

百キロを超える巨大魚だが、味は繊細

天然の活け締めを切りつけたもの。すし飯の上でもこもこと身が盛り上がり、シコッとした食感にじわりと強いうま味がしみ出してくる。さっぱりしたすし飯が、これに調和して、やみつきになる握りに。

おさかなデータ

スズキ目ハタ科
南日本に生息
旬：冬から初夏
呼び名：中国地方、九州などの呼び名「アラ」は有名
食データ：肌寒さを感じる11月、福岡で開催される大相撲九州場所で力士が食べる、名物「あら鍋」が有名。フグよりも高価で、うまい

偽装問題でたびたび登場するくらいに高い

暖かい海域の岩場などにいる。昔は福岡県博多の「あら料理」、和歌山県の「くえ料理」など、知る人ぞ知る地域限定の高級魚だった。それが近年注目を浴び、天然もののだけでは足りず、養殖も盛んになってきている。現在、本マグロよりも高価で取引される高級魚になりつつある。あまりに高価なので、アブラボウズなど縁もゆかりもない魚で偽装事件が起きている。

すしダネとしては非常に新しいもともとは産地限定だった

本種を有名にした福岡県博多界隈などで、ご当地すしダネとして使われていた。養殖ものが出回るようになり、全国的なすしダネに。大きいほど味がよく、魚河岸では仲卸でマグロのように切り分けて販売することも。これをすし店で切りつけるのだが、白身なのに濃厚なうま味があって、人気がますますうなぎ上りとなっている。

マハタ
羽太（はた）

大型のハタの仲間ではもっとも北にまで生息

養殖ものの握り。天然ものは珍しいが、養殖ものは使われる機会が増えてきている。まったりと甘く、活け締めなので食感が強く、じわりとうま味が出て、すし飯になじむ。微かにとろりととろける感覚があるのは、たっぷりのった脂のせい。柑橘類、塩でも美味。

おさかなデータ

スズキ目ハタ科
北海道南部から東シナ海に生息
旬：晩秋から初夏
呼び名：海藻の生えている岩場にいるので「藻魚」。島根県では「カナ」
食データ：西日本では切り身にして、湯引きし、酢味噌で食べる

白身

大きくなると縞模様が消える

浅い岩場などにいるハタ類の代表で、もっとも北にまで生息している。一メートルを超える肉食魚で、年々天然ものが獲れなくなっている。魚河岸でも天然ものを見かける機会は少なく、希に大物があるとキロ二万円を超えることもあるので、一般に流通するとは考えられない。

獲れなくなって真っ先に養殖が試みられ、今や養殖魚のエースに。養殖ものとしても高級魚。安定的に使えることと、比較的小さくて脂がのっているので、すし店などでも盛んに使われるようになっている。

高級すし店だけで食べられる高級ネタ

養殖が盛んになったとはいえ、入荷量が増え安定しただけで、高値が続いている。白身なのにうま味が濃く、ヒラメより味は上と評価をする人も多い。まだまだ特殊なもので、高級すし店だけで食べられる逸品。

109

キジハタ

茂魚(あこう)

瀬戸内海、近畿に夏を告げる涼やかな薄造り

脂ののった初夏の活け締め。もちっとした食感だが、噛みしめるとほどよくすし飯となじみ、甘みがあって、うま味が豊かで、後味がいい。しょうゆよりも、柑橘類と塩がおすすめ。

おさかなデータ

スズキ目ハタ科
青森県以南に生息
旬：春から夏
呼び名：和名はほとんど使われない。小豆を思わせる模様から「アズキマス」、赤みを帯びるので「アカミズ」
食データ：アコウの薄作りは近畿・瀬戸内海地方の夏の風物詩。大阪では冬のフグ、夏のアコウともいう

ハタには小型種と大型種があり本種は小型種の代表的存在

浅い岩礁域に生息する小型のハタ。ハタ類には小型種と大型種があり、本種は前者の代表的なもの。大きくなっても四十センチ前後にしかならない。実は関東ではあまり獲れず、キジハタ（和名）という呼び名は東京ではほとんど使われない。本種の代表的な産地、瀬戸内海などではアコウと呼ばれ、大阪以西では夏を代表する高級魚。

西日本の魚河岸では基本的に生きたまま取引される

関東では、もともとなじみがないせいか、目立たない存在で扱いも悪い。対して西日本では死んでしまうと価値は半減、本種は原則的に生きたまま取引されている。兵庫県明石などでは食べる時間に合わせて締め、すし店などに並ぶ。西日本の夏はマコガレイよりも本種が好まれ、白身のすしダネとして欠かせない。食感がよく味わい深い上に後味がいい。夏らしい握りの代表格。

アカハタ

赤羽太（あかはた）

暖かい海域にいる小型のハタ。中華料理で大活躍

活魚で入荷した小ぶりのものを、下ろしてから半日寝かせて握ったもの。甘みとうま味のバランスがよく、強い食感がある。しょうゆよりも、柑橘類と塩がおすすめ。

おさかなデータ

スズキ目ハタ科
南日本に生
旬：春から夏（熱帯では目立った旬がない）
呼び名：赤いので「アカギ」「アカバ」「アカニーバラ」「アカミーバイ」
食データ：中華料理の清蒸の代表的な材料。ネギなどと蒸して、中国醤油、魚醤などのタレをかけ、熱したピーナッツオイルをかける

ハタの仲間では比較的手頃
中華料理やイタリアンなどでも活躍

暖かい海域、サンゴ礁などの浅場に生息する小型のハタ。駿河湾以南の太平洋側にいて、入荷量はそれほど多くない。伊豆諸島のほか、静岡県、和歌山県、四国、九州、沖縄などが産地。

ハタの仲間はおしなべて高価だが、本種は比較的手頃な値段。フレンチ、イタリアン、中華料理などに使われることも多い。

すしダネになるのは活魚や活け締め
透明感のある白身で清涼感がある

近年、東京築地などにも活魚で入荷してくる。すしダネとしてちょうどいい大きさで、買いやすいためにネタケースで見かけることも珍しくない。白身の少なくなる暖かい時期にも安定して入荷するので、根強い人気がある。切りつけて透明感があり、血合いが美しい。下ろしてから、フグのように濡れ布巾に包み寝かせて使う、という職人もいて、これが非常にうまい。

白身

赤仁羽太 (あかじんみーばい)

スジアラ

沖縄三大高級魚の頂点に君臨する大型のハタ

鹿児島県から活け締めを空輸してもらったもの。まだ透明感があり、うま味は少ないが上品で食べ飽きない。数日寝かせた方が、握りの味としては上だった。

おさかなデータ

スズキ目ハタ科
南日本に生息
旬：春から夏だが、年間を通して美味
呼び名：鹿児島県では「アカミズ」「アカジョウ」「バラハタ」
食データ：沖縄料理の中でも「まーす煮」がおすすめ。濃いめの塩水の中で短時間蒸し煮にする。島豆腐があると、うまさも倍増

沖縄では別格の高級魚 祝い事があると使われる赤い魚

サンゴ礁などに生息する大型魚。沖縄では活きエサを使った釣りや、海人が銛などで突きとる。沖縄三大高級魚の本種は、マクブー（シロクラベラ）、アカマチ（ハマダイ）とともに高価で取引されている。主な産地は沖縄県、鹿児島県、長崎県。鹿児島県奄美、沖縄では刺身、イマイユ（鮮度のいい生魚）の魚汁（みそ汁）、まーす煮などになり、とても贅沢な味。

関東にも入荷して徐々に知られるように

本来、沖縄や鹿児島ですしダネとして利用されていたもの。近年では関東にも入荷しているので、徐々に知られるように。地物としては超がつくほど高いので、握りの値段も高価なものとなる。非常に上品な白身で、甘みがあり、獲れたては強い食感が楽しめる。見た目が美しく、南国らしいさわやかな後味が持ち味である。

アラ

鯍(あら)

一般的なハタ類とは別系統の深海魚

切りつけた身はほんのり飴色をしている。水揚げしたばかりのものは透明感のある白身だが、少し寝かせた方が味はいい。すし飯と混ざっても、強くうま味が感じられて、味わい深い。

おさかなデータ

スズキ目ハタ科
東北以南に生息
旬：晩秋から初夏
呼び名：九州ではスズキに似て沖合の深場にいるため「沖スズキ」。ほかには「ホタ」
食データ：アラといえばクエの九州での呼び名として有名だが、和名のアラもいて、実はクエ以上の美味

ハタ科だが一般的なハタとは別系統の魚

一般的なハタが浅い岩場に多いのに対し、本種は水深百メートル以上の岩場に生息している。見た目もハタの仲間とは全く違い、むしろスズキに近い。東京の魚河岸では比較的よく知られた魚で、九州の「アラ」、すなわち「クエ」を注文したのに、間違って本種が送られ大問題に、なんてことも。ただし本種の場合、獲れる量が少なく、養殖されていないためクエ以上に貴重。ときに魚河岸での評価もクエ以上となる。

プロの間では有名な幻の魚 近海の釣り物は超高級

関東では千葉県外房の釣り物、静岡県などの底引き物などが入荷してくる。魚河岸ではコアラ（小あら）と呼ばれる小ぶりのものでも決して安くなく、大物は普通のすし店ではとても手が出ない値段に。切りつけた身は白身というよりもほんのり飴色で、甘みよりもうま味の強さが光る。

白身

シロクラベラ

まくぶー

沖縄三大高級魚のひとつで琉球弧以南にしかいない

皮つきで握って、職人が考えて、結局皮なしで握りに仕立てたもの。皮が少々硬くすし飯とのなじみが悪いという。色気はないが味が強く、しかも後味がいい。

おさかなデータ

スズキ目ベラ科
奄美大島以南に生息
旬：春から夏
呼び名：「マクブ」と伸ばさないことも。沖縄八重山では「オーマクブ」
食データ：刺身は皮つきの生が一番。ベラやブダイは皮なしはダメなのだ

沖縄料理に欠かせない「沖縄三代高級魚」のひとつ

　熱帯のサンゴ礁に生息する。派手な魚が多い熱帯域では地味な魚であるが、一メートルを超えるので釣りなどの対象魚としても人気がある。沖縄三大高級魚はアカジンミーバイ（スジアラ）、アカマチ（ハマダイ）、そして本種。那覇市泊漁港などでは、三種そろい踏みの光景が見られて壮観。
　まったくクセのない白身で、皮つきのまま刺身にするのが基本。ほかにはイマイユ（鮮度のいい生魚）のみそ汁、バター焼きなど、沖縄料理に欠かせない魚だ。

沖縄の白身代表 白雪のようなすしダネがキレイ

　下ろしたすし職人が首をひねる。血合いがないのだ。こうなると裏表がなくなり、握るときに困ってしまうらしい。しかも、白いすし飯の上に、白で色気がない。ただし、見た目が「つるっとしている」のに味が濃い。白身なのにボリューム感がある味。

> キュウセン

九線
<small>きゅうせん</small>

東日本では雑魚、西日本では高級魚

兵庫県明石の活け締めを握りに。関東では真っ白なので色気がないなどというが、身がふっくらとして甘く、すし飯とのなじみもまことにいい。上ネタのひとつ。

小ぶりの雄の皮目をあぶったもの。皮にうま味があり、香ばしさが鼻腔に抜けて陶然とさせてくれる。直球的うまさの握りだ。

おさかなデータ
スズキ目ベラ科
北海道南部以南に生息
旬：春から初夏
呼び名：ベラの代表的なものなので単に「ベラ」。「ギザミ」と呼ぶ地域も多い
食データ：広島県の郷土料理に「はぶて焼き」がある。煮つけたものを翌日などに焼くのだが、おいしいのに、焦げやすいので難しい。作らせると嫁が「はぶてる（ふくれっ面をする）」のでこの名がある

瀬戸内海など浅い海域に多く小魚の食文化のなかの花形

関東にもいるが、たくさん獲れるのは瀬戸内海などの西日本。岩がある砂地に多い。小さい時は赤く、すべて雌。大きくなると緑がかった青になり雄に性転換する。このため雌は「赤ベラ」、雄は「青ベラ」と呼ばれる。成長しても三十センチほどの小魚。関東では雑魚扱いだが、近畿から瀬戸内海にかけての西日本では高級魚。本種をねらう釣り船もあり、旬を迎えると煮つけに、また「青ベラ」は刺身になる。

関東のすし職人は存在自体を知らず西日本では普通のすしダネ

ときどき兵庫県明石や広島から活け締めが、関東の魚河岸にも送られてくる。旬を迎えた大型の雄はまことに見事で、すしダネとしても最上級。西日本のすし店では普通だが、本種を知らない関東のすし職人も多い。身が柔らかいので扱いにくく、食べてみるまで、その美味に気づかない。

白身

アカムツ

喉黒（のどくろ）

北のキンキと赤い高級魚の双璧をなす

山陰の城下町の小さなすし店で教わって、再現したもの。皮目に少量の塩をふり、あぶって握り、柑橘類をしぼって食べる。口の中でとろけながら鼻腔に香ばしさが抜ける。塩味なのでアカムツ本来の味が生きている。

おさかなデータ

スズキ目ホタルジャコ科
新潟県、福島県以南に生息
旬：秋から春
呼び名：赤くてきれいなので「キンギョ」「赤魚」。目が大きいので「目ブト」
食データ：超高級魚をおしげもなく開き干しにしたものは、山陰などの名物。身の大トロといわれて、焼くと自らの脂で、揚げ物のように香ばしい

日本海に多い脂ののった赤い超高級魚

体長四十センチほど。沖合の深場に生息する魚で、日本海でまとまって獲れる。白身なのに大トロのように脂がのり、人気はうなぎ上り。今や「赤い宝石」とも呼ばれる超高級魚。石川県の「のどぐろ」、島根県の「どんちっち」、長崎県「紅瞳（べにひとみ）」などブランド魚としても、各地で売り出し中。

白身というよりも脂身といった方が正しい

普通、魚というのは大きいものほど高いものだが、本種は小さくてもそこそこの値段で売られている。なぜなら、小さいものにも脂がたっぷりのり、大きいものよりも、うま味が強い皮目を生かせるため。山陰などのすし店では、皮目をあぶった小ぶりを出してくれるところが多い。もちろん大きいものもうまいが、本来小魚を利用することで生まれた江戸前ずしの伝統からして、一尾二かんどりあたりが、手軽でいい。

ムツ

鯥(むつ)

古くは脂っぽいと嫌われていた

鹿児島県の沖合で獲れた超大型。皮下に脂が層になり、身自体にも混在する。口に入れると体温でとろける部分と、しっかり食感が感じられる部分の2層のうまさ。すし飯の酸味が加わると絶妙な味となる。

手のひらサイズの「オンシラズ」を皮つきであぶったもの。小さいのに皮の上に脂がにじみ出し、強いうま味がある。小さいのに味は大きいと、すし職人が好む。

おさかなデータ
スズキ目ムツ科
北海道以南から東シナ海に生息
旬：秋から冬
呼び名：親は深海にいて、子供は浅場にいるので「オンシラズ」。沖合にいるので「沖ムツ」
食データ：「むつ」は「むつっこい」の略。脂が強いという意味で、煮魚にするととろりと甘く、うまい

白身

古くは庶民的な魚、今では高嶺の花

ここではクロムツとムツの近縁二種のことを「鯥」とする。ともに太平洋側の深海で獲れ、ときに一メートル近くになる。浅い港回りなどに群れる、生まれて二十センチほどのサイズから定置網などで獲れ利用されている。古くはたくさん獲れ、非常に脂が強いため下魚とされていたが、脂嗜好の今では、大型のは超高級魚に。スーパーなどで買えるものではなく、料理店やすし店などでのみ食べられる魚ともいえる。

安くてうまい浅場の小ムツと超高級魚、深場の親は別の味

海水浴場の目と鼻の先、浅場に群れている、体長二十センチくらいが実にいい味。小さいのに脂がのり、味わいは軽く食べやすい。対する沖合の大型は、脂が強く、うま味に深みがある。比較的柔らかい身質なので、すし飯との相性もよく、親子で別種の味わいが楽しめる。

アカカマス

本梭子魚(ほんかます)

古くは干物の原料、今は刺身でも人気

切りつけてからあぶり、温かいうちに握ったもの。口に入れた途端、香ばしさが鼻腔に抜け、舌に甘みがくる。すし飯と混ざり、うま味と甘さが一緒に押し寄せる。

おさかなデータ
スズキ目カマス科
東北以南に生息
旬：初夏から初冬
呼び名：徳島県では細長いので「尺八」。カマスの中でももっとも味がいいので「真ガマス」
食データ：カマスの干物のほとんどが、頭だけを残して左右に開くのを小田原開き。最近、本種の干物は高値だが、味は値段以上だ

暖かいと盛んにエサをとり、皮下にたっぷり脂を溜める

暖かい海域に生息し、小魚などをエサとする肉食魚。歯はカミソリのように鋭く、うっかり触るとケガをする。

塩焼きがあまりにもうまいので、ついついご飯を食べ過ぎてしまう。俗にいう「かますの焼き食い一升飯」だ。今でも本種の料理法で、ポピュラーなのは焼き物。高級干物としても有名。生で食べるようになったのは最近のこと。もともと高級な魚だが、大型のものには「超」がつく。

皮を取っては元も子もない 味は身よりも皮にあり

普通のすしダネと違い、本種は酢じめにするには脂が強く、皮を取ると身自体にうま味がなく血合の色が悪い。うま味のほとんどが皮と皮下にあり、これを直火か高温のバーナーであぶると見事なすしダネに。"うま味＋香ばしさ"で、がぜん本種の握りが注目を浴びるようになった。

ヤマトカマス

水梭子魚(みずがますまます)

煮ても焼いても二級品だが、握りは一級品

皮に独特の風味があって、酢で締めた身には甘みがある。ほどよい硬さで、すし飯とのなじみがよく、これを江戸前ずしの定番としないのが不思議。

おさかなデータ
スズキ目カマス科
南日本に生息
旬：秋
呼び名：背に青みを帯びているので「青ガマス」、竹笛のような形なので「ヒューヒュー」
食データ：二束三文で取引されるので様々な加工品に。逸品なのは長崎県などで作られる煮干し。驚くほどうまいダシがとれる

白身

季節限定の安くてうまい魚
この美味を知らないと損

暖かい海域の浅場に群れを作る。小魚、小エビなどをエサとする肉食魚。沿岸で行われる定置網などにまとまって獲れる。年間を通して漁獲される本カマスとは違い、晩夏から冬にかけて多く、季節を強く感じさせる魚。両種が獲れる時季、漁師は本カマスに喜び、本種が大量に入るとがっかりする。とにかく値の安い魚なのだ。

煮ても焼いても平凡な味。水分が多い魚なので、とにかく干す。夏から秋に作られる干物は、季節限定の逸品。

秋にまとまって揚がり
安くてうまいので季節のネタに

関東では、何はなくても干物になる本種が、紀伊半島・四国などでは酢じめにして「姿ずし」を作る。これが秋祭りのごちそうなのだ。本種を江戸前ずしの「こはだ」のように、皮つきで酢じめにし、切りつけたら、恐るべし、絶品握りに大変身。

カサゴ

笠子（かさご）

口が大きく顔は悪いが中身はすごいのだ

大小で味があまりかわらない。手のひらサイズを片身1かんにしたもの。皮をあぶると香りたち、皮下のゼラチン質が溶けて甘い。身にも十二分のうま味がある。柑橘類と塩もいい。魚自体が高いので1かんのお値段にご注意を。

おさかなデータ
カサゴ目フサカサゴ科
北海道南部以南に生息
旬：秋から冬
呼び名：九州では「アラカブ」、瀬戸内海では「赤メバル」
食データ：煮つけ、唐揚げ、潮汁、おいしい料理が目白押し。もっと安いといいのに

見た目の悪い魚ほどうまい 本種を食べると、この法則がわかる

大きくなっても一尺弱（三十センチ以下）のトゲトゲしい小魚。浅い磯にひっそりと生息し、小動物をエサとする肉食魚。

「磯の笠子は口ばかり」というのは、頭や口が大きく、食べられる部分が少ないため。「笠子の面洗わず」というのも醜ゆえで、あまりいい話ではない。にもかかわらず、本種の値段は常に高い。煮つけ用の魚で、刺し網や釣りなどで漁獲するのだが、魚河岸では需要過多で、供給不足が続いている。

江戸時代には白身の上品な味わいから珍重された

昔は江戸時代の名残として、白身の上品な味が好まれた。本種は、白身としては最上級のもの。ただし最近の嗜好からは生で食べると物足りない。それを補うのは皮の味わいと風味。近年のすしダネには、皮つきあぶりが定番となっている。

オニオコゼ

虎魚(おこぜ)

取り扱いに注意が必要な高級魚

超高

非常に淡い味わい。食感のよさと、ほどよい甘みとうま味で、後味がいい。このさっぱりした味わいは、涼感を呼ぶ握りだ。

おさかなデータ

カサゴ目オニオコゼ科
千葉県以南の太平洋側、青森県以南の日本海側に生息
旬：春から夏
呼び名：とても醜かった山の女神様に本種をお供えして、慰めた、というお話から「ヤマノカミ」という
食データ：薄造り、みそ椀、唐揚げなど、数々の料理で瀬戸内海に夏の訪れを告げる

白身

食べるとおいしいけど調理する人は大変

穏やかな湾などの砂地に生息している。全身棘だらけで、背鰭(せびれ)に毒があり、非常に危険。魚河岸で、網ですくおうとした人が、シャツの上から刺されたことも。最初は痛みを感じなかったようだが、徐々に強く痛み出して、とうとう入院騒ぎに。美味な魚なので初夏になると瀬戸内海地方では、どこに行ってもオコゼ料理が楽しめるほどだが、料理する人は大変。

西日本に多い魚で、近畿から瀬戸内海で盛んに食べられる。専門に扱う料理店も多く、オコゼ料理に熟達しているプロも多い。

賛否両論の握りの味は、結局好みの問題

瀬戸内海あたりでは、しばしば本種の握りに出合う。料亭などでは食事の最後に握りが出る場合も。「上品な味わいと心地よい食感で申し分ない」と思う人と、「すし飯に負けて味気ない」という人に分かれる。

121

キチジ

金色魚(きんきうお)

お店で食べると財布が軽くなる北の高級魚

手にひらサイズを片身づけにしたもの。小さくてもうま味があるが、皮は身以上にうまい。しょうゆよりも柑橘類と塩がおすすめ。

大型の釣りもの。白濁しているのは、身全体に脂が混じり込んでいるため。本種は室温では溶けないが、体温で表面が急速に溶け、これがまことに甘く、うま味も強い。すし飯との「からみ」もいい。

おさかなデータ

カサゴ目フサカサゴ科
駿河湾以北に生息
旬：秋から冬
呼び名：「キンキン」「メンメ」「メイメイセン」「キンギョ」
食データ：産地の知床では丸のまま茹でて、ポン酢や生醤油で食べる。味つけは無用。これを湯煮という

関東では産地が近いので古くからの惣菜魚

体長三十センチ前後になる深海魚。日本海では獲れず、茨城県から北に行くほど漁獲量が増える。和名の「キチジ」は関東に近い茨城県の呼び名。古くからの惣菜用の魚で、東日本・太平洋側でなじみ深いもの。対するに西日本・日本海の赤い惣菜魚の代表がアカムツ。今では、この赤い魚二種が値段的に魚の頂点にあるのだから不思議。

生で食べることは北国から始まった

煮たり焼いたりする魚を生で食べるようになったのは、北国のすし店からだと思う。函館のすし店などで、皮に熱湯をかけて、もしくは皮をあぶったものが出てきたのに驚いた記憶がある。本種の脂はタンパク質の間に混在し、皮の真下にはゼラチン質が層になってあるため、熱を加えるととろけて甘い。当然、皮つきで握るのが普通。今や関東などでも特上ネタのひとつ。

122

オオサガ

目抜(めぬけ)

古くは北国で大量にとれた赤い魚

口に入れるとトロリとろけるが、溶け出すのは切りつけた身の半分くらい。なかほどはちゃんと魚らしい食感がある。この脂に甘さがあり、すし飯と相乗効果を生む。

おさかなデータ

カサゴ目フサカサゴ科
銚子以北に生息
旬：秋から春
呼び名：メヌケの種類は多く、本種は「コウジンメヌケ」という。荒ぶる神の名がついたのは、荒れる北の海で獲れるからだ
食データ：肝心なのは、文字通り肝、そして内臓。北の市場で教わったのは、肝や胃袋など全部入ったみそ汁。シバレる夜に効き目あり

白身

深海から水面までの間に目が飛び出し、腹がふくれる

「目抜」と呼ばれているのは、バラメヌケや本種、そして、アラスカなどから輸入されているアラスカメヌケ、シマメヌケなどカサゴ数種。すべて冷たい海域の深海に生息し、身体が赤いため「赤魚類」などとも呼ばれている。戦前戦後を通じて安い魚の代名詞的存在で、大衆食堂で煮つけとして並んでいたようだ。それが二百海里問題や、資源の枯渇から、高価な魚に。

主な産地は三陸、北海道など。北海道産はあまりにも高いので、幻の味に。

昔は「目抜」といえばおぼろ材料で、すしダネではなかった

江戸前ずしに欠かせないものに「おぼろ」がある。サヨリやキスの握りに挟んだり、ちらしずしにちりばめる。その代表的な材料が本種だった。ただし今では「目抜のおぼろ」は幻の存在。身割れしやすいので職人が丁寧に下ろして、特上の握りに。

アコウダイ

赤魚鯛（あこうだい）

江戸前の海にも健在な赤い深海魚

超高

口に入れるとまろやかに甘く、じわりと表面からとろけ出す。うま味も強く、これにすし飯のほどよい酸味・甘味が加わり、1かんの握りとしての完成度が上がる。

おさかなデータ

カサゴ目フサカサゴ科
青森県から静岡県の太平洋側の深海に生息
旬：冬から春
呼び名：深海から釣り上げられると、急激な水圧の変化で目が飛び出してしまうため「メヌケ」とも
食データ：東京ではなじみ深いお惣菜魚。夕食に本種の煮つけは、庶民的な光景だった

一切れ三千円が安く感じる成り上がり者

　水深五百メートルくらいの深場にいる大型魚。本種を含む深海の赤いカサゴを一般に「目抜」ともいう。関東周辺にも多い魚で、今も東京湾で獲れている。古くは庶民の味の代名詞だった安い魚が、漁獲量が減り価格が上昇。デパートなどで一切れ三千円が安く感じるほど。マダイや本マグロをしのぐ高級ぶりである。この高騰の原因が、味の良さであることは間違いない。

お任せ握りに出ると支払いが怖くなる

　獲れたばかりで切り身にすると透明感があるが、すぐに白く濁ってくる。この白いのが脂の粒子である。皮が少々硬いのが残念だが、皮下に層をなすゼラチン質は口の中に入れるとうま味を発散する。握りにしても味がいいのは魚河岸でも有名だが、「初めてのすし店でアコウダイが出てくると支払いが怖くなる」などという人も。

ウスメバル

沖目張

まことに地味、味にも華やかさは望めない

特大30センチ以上を握りに仕立てたもの。白身なのにうま味が強く、すし飯となじんで、しかも存在感を感じるほどのうまさ。

手のひらサイズを、片身1かんでつけたもの。見た目がきれいでイヤミがなく、強いすしダネの間になくてはならない存在。通好みの握りだ。

おさかなデータ

カサゴ目フサカサゴ科
日本海、駿河湾以北の北海道南部までの太平洋に生息
旬：秋から春
呼び名：新潟県では「ツヅノメバチメ」。赤みを帯びるので「赤メバル」
食データ：メバルの煮つけは古くから東京の家庭の味。今でもちょっと贅沢な食卓に上る

白身

沖にいるのと、浅場にいるのと赤いのと黒いのと

一般に「メバル」というと磯などにいる黒いものと、沖合にいる本種とに分かれる。黒いメバルは入荷量が少なく、あまりなじみがない。むしろ沖合の、一般に「沖メバル」と呼ばれる本種の入荷が安定し、魚河岸では高値で取引されている。

代表的な産地は青森県、山形県などの日本海側。煮つけや塩焼きなどが定番料理で、東京では古くからの惣菜用の魚。

ありふれた魚なのになぜか生で食べる人が少ない

魚河岸ですし職人が本種を仕入れていると、「酒の肴用だね」なんて声がかかる。生でもいい味なのに、なぜか刺身にならない不思議な存在。「味が上品すぎて、すし飯に負けるからね」なんて言うが、実際そんなことはない。すしダネとしては、大きいほど味がある。入荷も安定しているので、白身の定番にして欲しい魚である。

クロソイ

黒曹以(くろそい)

北国の鯛というが、産地は西にもある

� 三陸産の養殖ものの握り。口に入れると脂の甘みがくる。食感が強く、心地よいなかにうま味がじわりと浮き上がる。すし飯の酸味がすしダネと絶妙に調和する。

�普 30センチほどの中型の皮をあぶって握ったもの。身より皮の風味が舌に存在感を感じさせる。しょうゆもいいが柑橘類と塩の方が真価がわかる。

おさかなデータ
カサゴ目フサカサゴ科
日本各地に生息
旬：秋から冬
呼び名：島根県では「クロボッカ」、秋田県では「クロカラ」
食データ：クセのない白身で、いいだしが出るので、汁にして美味。しばれる冬にみそ汁、潮汁が寒い産地の定番

魚なのに出産する 産卵期と出産期で味の違う魚

日本各地の岩場などにいる魚。九州などでも揚がるが、北国の方がまとまって獲れるため、「北の鯛」などと賞される。「ソイ」というのは東北、北海道の呼び名で、マゾイ(キツネメバル)、シマゾイなどともに「ソイ類」ともいう。なかでも本種は体長六十センチ以上になり、二キロ強の大型も珍しくない。大きいほど味がよく値段も高い。有名な産地はないが、三陸、北海道などで養殖も行われて、関東で人気が高い。

北国の鯛は 白身としても屈指の存在

「北国の鯛」というだけに、北海道では定番的なすしダネ。養殖ものも入荷するようになり、関東でも珍しくない。大きいほど上物で、二キロを超えたものは白身としても最上級品。小さいものはやや物足りないが、焼霜造りなど、皮のうまさを生かして美味。養殖ものは味が安定し、脂がのる。

トクビレ

八角 (はっかく)

鱗は鎧のように硬く黒いが一皮むけば白身

口に入れた途端甘みが感じられるが、それ以上にシコッとした食感に心奪われる。そして後から強いうま味がくる。すし飯と合わさり、口中から消えてもうまさの余韻が残る、印象深い握り。

おさかなデータ
カサゴ目トクビレ科
青森県から静岡県の太平洋側の深海に生息
旬：秋から冬
呼び名：雄と雌で呼び名が違う。雄を「ワカマツ」「カクヨ」「トビヨ」。雌は「ガガラミ」「ソビオ」「ハッカク」
食データ：軍艦焼きは秋の味。開いて、肝と味噌を合わせて、酒、みりんなどで焼いたものは北海道名物

大きなヒレの雄、子持ちの雌 それぞれの持ち味を楽しみたい

冷たい水温を好む、体長五十センチほどの細長い魚。切った断面が八角形なのでこの名に。雄の鰭が非常に大きいので標準和名は「特鰭(とくびれ)」。大型になる雄が高く、雌はやや手頃な値段。二十世紀末まで、北海道のローカルな魚だったのが、テレビにたびたび登場して知名度が上がった。

北海道名物なのが「軍艦焼き」。肝とみそを合わせて、開いた身につめて焼く。肝は魚の中でもピカイチのうまさ。

食感のいい白い大トロ うま味も強くすし飯に負けない

上品で淡泊な白身ネタは、すし飯の味に負けてしまうことが多いが、本種はマグロの大トロを思わせる脂の甘さと濃厚なうま味がある。北海道を代表するすしダネだが、近年、関東のすし店で見かける機会が増えている。歩留まりが悪く、値が高いのが残念。矢鱈(やたら)につまむと高くつく。

白身

トラフグ

虎河豚(とらふぐ)

フグの中のフグ、天然は超高級魚

活け締めにして一日寝かせたものを薄造りに。三枚重ねて握ったもの。寝かせることでうま味が増し、ほどよい食感になる。しょうゆよりも柑橘類と塩がいい。

寒くなると白子が大きくなってくる。これを生のまま軍艦にのせたもの。生クリームに濃厚なうま味を加えたようで陶然とする握りだ。

おさかなデータ

フグ目フグ科
北海道から九州に生息
旬：秋から冬
呼び名：大阪では当たると死ぬので「鉄砲」。めったに当たらないので「富(とみ：江戸時代の宝くじ)」とも
食データ：基本的には鍋が最高だけど、華があるのは薄造り。その中央にあるのが皮。皮が食べられるフグは、意外に少ないのである

自分で調理しない限り安全、安心な食べもの

沿岸性の大型のフグ。もっとも高価なフグで、養殖も盛ん。大阪で「鉄砲」、九州などで「がんば(かんおけ)」などと呼ばれるのは、当たると死に至るためだが、「フグ調理師」が処理したものは安全なのでご心配なく。フグ毒のテトロドトキシンは、熱を通しても毒性の消えない厄介なもの。多くのフグは皮などに強い毒を持っている中、本種は筋肉、精巣に皮も食べることができる珍しいケース。

フグの握りは邪道という頑固なすし職人もいる

フグを好んで使う職人と、すし飯との相性から使わない職人がいるが、東京都でフグの取り扱い規制が緩和されるなど、今後ますます江戸前ずしにも使われる機会が増えるはず。強い食感の身のほか、春秋時代の美女、西施の母乳にもたとえられる白子など、一度知ってしまったら禁断の味だ。

シロサバフグ

白鯖河豚
（しろさばふぐ）

フグなのに超格安。いずれは回転寿しにも？

口に入れると、まずはポン酢の味がして、ゆっくり、じわっとフグの甘さが追いかけてくる。フグにしては柔らかいのですし飯とのなじみもよく、口直しの1かんに最適。

安くてうまいフグだが、やや水分が多いのが欠点。これをあぶることで身をしめて、香ばしさをプラスしたもの。煮きりを塗ってもいい。

おさかなデータ

フグ目フグ科
北海道から九州に生息
旬：秋から春
呼び名：鮮度がいいと金色に輝くので「金フグ」
食データ：いちばんたくさんとれるフグなので安い。スーパーなどにある干物、唐揚げなどは本種。とにかく、安くてうまい

白身

群れを作るのでたくさん獲れる庶民派のフグ

日本沿岸に多い中型のフグ。沖合に群れをなしているので、ときどき大型の定置網にも入る。スーパーなどで見かける〝フグの唐揚げ〟や〝一夜干し〟のほとんどが本種。産地では、手軽な鍋材料としても歓迎されている。日本各地で水揚げがあるが、特に山口県萩の高鮮度のものが有名。筋肉、皮、精巣などが食用可。フグの取り扱いも緩和されて、値が安いので、ますます本種が食卓へ上がる機会も増えそう。

淡泊で上品な味　しょうゆよりも、ポン酢が合う

三枚に下ろしたら、布巾などにくるみ、冷蔵庫で寝かせ、余分な水分を取ってから切りつけるのがフグの基本。こうすることで、フグならではの強い食感が生み出され、ほんのり飴色を帯びる。本種は、わさび醤油よりも紅葉おろしで、つまむ直前にポン酢、というのがおすすめ。

カワハギ

皮剥(かわはぎ)

職人は肝の大きさを触って選ぶ

しょうゆにつけてもいいが、上品で繊細な味わいなので、すだちなどの柑橘類と塩で出す職人が多い。じっくり味わって欲しい握りである。

さっとゆでた肝をのせて握ったもの。まことに甘みが強く、うま味があり、ほどよく口の中でとろける肝に、食感が楽しめる身が好対照。強烈な印象の握りのひとつ。

おさかなデータ
フグ目カワハギ科
北海道から東シナ海に生息
旬：秋から春
呼び名：大阪では「ハゲ(禿)」、山陰では秋に取れてお金になり、正月用の餅が買えるので「モチハギ」
食データ：肝だけで半分の価値があることから「本体半分、肝半分」などという。この肝をしょうゆに溶かし込んだ「肝醤油」で刺身をいただくのがいちばん

まとまって獲れない上に味がいいので超のつく高級魚

日本列島沿岸に普通に見られる体長三十センチほどの魚。皮が厚く、はぎ取って料理するので「皮剥」と呼ばれるように。東京湾にも多く、数少ない江戸前が楽しめるもの。産卵期は木の芽時から夏。産卵期前と、深場に落ちる秋にも旬を迎える。

秋になると、職人が本種の腹を触って肝の大きさを確かめて買う光景が見られる。肝が大きい、大型ほど値が高い。漁獲量が少ないので代表的な産地はない。

肝の大きさで値段が決まるが身の方の味わいも最上級

白身ネタとしては非常に人気が高いもののひとつ。特に秋、肝が太り、身に厚みが出た時期にはネタケースに欠かせない存在となる。そのまま切りつけてもいいが、肝を乗せると、より旬を感じさせてくれる。活魚の肝なら生で、それ以外はゆでるか、あぶるかして握りにのせて出す。

ウマヅラハギ

馬面剝(うまづらはぎ)

獲り方・取り扱い方で味に大きな違いが出る

活け締めを切りつけて握り、紅葉おろし、ネギを合わせて、ポン酢をかけたもの。淡泊な味わいにポン酢の酸味とうま味が合う。

活魚を切りつけて、あぶった肝をのせる。肝はゆでるよりも、あぶったもののほうが味は濃厚。意外に身の味わいも舌に感じられて、握りとしてまとまりのある味わいに。

おさかなデータ

フグ目カワハギ科
北海道以南に生息
旬：秋から春
呼び方：カワハギと比べ細長いので「長ハゲ」。目の上の棘が目立つので「ツノギ(角魚)」
食データ：この魚、ときどき大群を作って網に入るので、日本各地で干物にされる。絶品「カワハギの干物」の原料はこの魚なのだ

白身

高度成長期までは珍魚であった

日本列島周辺の浅い海域に見られ、カワハギよりもやや暖かい海域を好む。今では加工品になるほどまとまって獲れるが、昭和四十年代までは珍しい魚だった。

底引き網などで大量に獲れたものと、釣りものとでは全く値段が違う。すしダネに使われるのは活け締めか活魚で、カワハギよりも安いが、立派な高級魚のひとつだ。

毒もなければ、クセもないしかも比較的手頃な値段のすしダネ

ねずみ色の外見で、あまりきれいではないが、一皮剝けばフグに似た透明感のある白身。フグ同様に柑橘類やネギとの相性がいい。上品な身に対し、うま味重量級なのが肝。生か、ゆでる、あぶるなどして握りに活かす。カワハギやトラフグと比べられ「落ちる」とされるが、それほど大差はない。比較的手頃な値段で、すしダネとしても上々。コストパフォーマンスの高い魚だ。

マダラ

鱈 (たら)

しばれる冬に旬を迎える北の魚

鮮度のいい常磐ものを昆布じめにして切りつけたもの。淡泊な味わいが、昆布と出合って、まさに端正で味わい深い握りに大変身する。

大寒の頃の乳白色の白子を軍艦巻きに。とろりとして、生クリームのような食感。強い甘みと魚のうま味が豊か。本マグロの大トロに匹敵する冬の花形。

おさかなデータ

タラ目タラ科
山陰、常磐以北の太平洋に生息
旬：秋から冬
呼び名：小さいのに「ボン」をつけて呼ぶが、全国的には「タラ」
食データ：淡泊な味わいから人気は世界的。でも、一番うまい食べ方は、身だけではなく肝も胃袋も入った北国のみそ仕立ての汁。山形県で「どんがら汁」、青森県では「じゃっぱ汁」という

北国の厳しい冬を乗り越えるための活力源

冷たい海域の「鱈場」と呼ばれる深場に生息する。上品な白身で、アラや骨、内臓など、あますところなく入れた汁や鍋で北国の家庭にぬくもりを提供する。また干したものを「棒鱈」といい、京都をはじめ日本各地の山間地に送られて、「いも棒」など伝統料理の材料にもなる。

本種の価値を左右するのは別名「菊子」「雲子」と呼ばれている白子の有無。魚河岸では腹を開いて白子を出して売られている。代表的な産地は北海道と青森県などの東北。大きいものほど高い。

淡泊すぎるのですし職人の腕がものをいう

本来、鍋材料の魚。活魚もあるので刺身にもなるが、普通はそのままではすしダネとせず、昆布じめにするのが一般的。華があるのは、やはり白子だろう。味だけでなく、値段からして贅沢なものだ。

ヨロイイタチウオ

髭鱈（ひげだら）

タラとは縁もゆかりもない深海魚

底冷えする時季の走り、昆布じめの握り。口に入れた瞬間は昆布の味が勝つが、後からしっかり本種の味わいが浮き上がってくる。

おさかなデータ

アシロ目アシロ科
南日本の深場に生息
旬：秋から冬
呼び名：富山県では、どのような魚の仲間か正体不明なので「ナンダ」。なんとなくあの淡水魚に似ているので「海ナマズ」
食データ：ただ煮ても、ただ焼いてもまずくはないが平凡。昆布を合わせて蒸したり、煮たりするのが常

和名はだれも知らない ヒゲダラとしても知名度は低い

駿河湾や富山湾以南の深場で体長七十センチ前後になり、アシロ類で唯一流通する食用魚。魚河岸では高級魚とされているが、一般にはほとんど知られていない。

ただし値段が高いのは大型のものだけ、小さいものは安い。その理由は、本種の場合ほとんどが昆布じめ用になるためだ。三枚に下ろして厚みがあり締まった身がとれる一キロ前後から、値が急激に上昇する。特に釣り物は超がつくほどの高級魚。代表的な産地は長崎県や福岡県など。

昆布じめにすると上ネタでも絶品に出合うのは至難

本種の昆布じめは、すしダネの最上級といえるもののひとつ。しかも、すし職人の技量が強く反映されるため、腕のいい職人のものは一度食べたらやみつきに。関東で昆布じめの魚といえば、並ネタにメダイ、上ネタに本種、またはヒラメとされている。

白身

133

シラウオ

白魚(しらうお)

江戸時代には徳川将軍家に献上していた

小ぶりの生を軍艦巻きにしたもの。食感のよさ、ほろ苦さが持ち味で、わさびもしくはショウガを薬味に。

江戸時代以来の伝統的な煮もの。みりん、しょうゆであっさりと煮て、海苔帯で留める。うま味は生よりも煮た方があり、ほろ苦さもいい。

おさかなデータ

サケ目シラウオ科
熊本県、瀬戸内海、岡山県以北に生息
旬：秋から春
呼び名：全国的に「シラウオ」で通る。ただし「シロウオ」というハゼ科の魚とよく間違えられている
食データ：生で食べるようになったのは最近のこと。古くは煮るか、吸い物などが普通。卵との相性がよく、とりわけ卵とじは絶品

江戸前が獲れなくなったのはまさに痛恨のいたり

内湾にいて、春は産卵に河口に遡上する、体長十センチ弱の魚。内湾の開発や汚染で、主産地は消費地から徐々に遠くなっている。

江戸時代、歌舞伎『三人吉三廓初買』で「月もおぼろに白魚の…」と台詞にある江戸前は、いの一番に将軍家に献上。島根県では宍道湖七珍のひとつにも。ほか、代表的な産地は北海道や青森県、茨城県など。

基本形は煮物
現在では生を使うのが主流

夏場には姿を消し、秋が深まるとネタケースに並びはじめる。古くは煮物ネタであった。それを生で使うようになったのは最近のこと。サイコロの目を全部合わせた数が二十一、ここから一を引いた二十を「一ちょぼ」というが、本種は漁師の女房が箸で数えて「一ちょぼ」単位で売っていた。それほど高級だったということ。今でも決して安くない。当然握りも高級である。

カタクチイワシ

生白子
なましらす

もともと生で食べる地域は少なかった

今では定番となった生の軍艦巻き。水分が多いので、作ったら素早く食べるのがマナー。そのコクのある味とホロ苦さに、さっぱりしたすし飯が見事にマッチ。

釜揚げしらすの軍艦。ネギとショウガの絞り汁を合わせたり、マヨネーズを絡めたり。店の工夫が生きる。今回は柑橘類をしぼっただけのシンプルなもの。

おさかなデータ
ニシン目カタクチイワシ科
日本列島沿岸に生息
旬：秋から春
呼び名：高知では「ドロメ」
食データ：塩ゆでにし、そのまま水分を切ったものを「釜揚げ」、軽く干したのを「しらす干し」、強く干し主に西日本で作られるのを「ちりめん」という

別名、海の草食動物 大型魚にいつも狙われている

カタクチイワシの稚魚。意外に知られていないが「シラス」は、魚の成長段階を表す言葉。稚魚期は色素がなく透明で、死ぬと白くなるのでこの名がある。様々な魚のシラスが食用になっているが、単に「シラス」というと、本種の稚魚のことになる。獲れる時期は産卵期の春と秋の二回で、漁師さんは「春子」「秋子」という。代表的な産地は愛知県、静岡県、瀬戸内海など。

流通の発達から全国区に 当然軍艦巻きで

基本的にはしらす干し、もしくはちりめんの原材料。これを生で食べていた地域は高知県や静岡県などで少なく、「生しらす」という言葉も最近一般的なものに。朝獲れのものを夕方までには使い切りたい、足の速いすしダネ。小さいものが高く、すしダネとしても上等。また回転ずしなどではしらす干しを軍艦にしている。

白身

イカナゴ

玉筋魚(いかなご)

日本各地で春を彩る風物詩

取れたてを軍艦巻きにしたもの。プチプチした食感に脂からくる甘みと独特の風味がある。すし飯の酸味との相性がよく、いける味だ。

明石海峡に春を告げるイカナゴ漁。

おさかなデータ

スズキ目イカナゴ科
北海道から東シナ海に生息
旬：秋から春
呼び名：東京では「コオナゴ」、カマスに似ているので「カマスゴ」。九州で「カナギ」。大型を東北で「メロウド」
食データ：瀬戸内海に春をよぶイカナゴ漁。水揚げされたら、すぐに買い求める人の行列ができる。家庭に持ち帰って作るのが「くぎ煮」という佃煮

小さい方が高く大きいものは養殖魚のエサに

日本列島の内湾の砂地に生息し、体長二十五センチほどになる細長い魚。暑い夏が来ると砂に潜り込み夏眠する習性があり、ときに寒すぎても砂に潜り込む。春に生まれたばかりの小さいのが湾内に大量に発生し、イワシの子でもない、ブリの子でもない「いかなる魚の子供だろう」で「いかなる子」がイカナゴという名になった。

西日本ではこの小さいのを干して「ちりめん」にし、東北では二十センチ以上の大型魚を煮つけや、一夜干しにする。

イワシのシラスよりも脂が強く鮮度がすぐに悪くなる

カタクチイワシのシラスの軍艦巻きは今や日本中で見られるが、独特な風味の本種は今でも産地だけの限定的なもの。生で食べることも希だが、流通がよくなり、こくのあるすしダネが好まれるようになり、徐々に関東などでも見られるように。

136

コラム ③ 地図で覚える魚介類

すしダネとなる魚介類には、とても覚え切れそうにないほど膨大な種が含まれる。覚えるには工夫が必要。そこで、私の頭の中の「魚介類地図」を見ていただきたい。

地図は下の方が原始的で、上にいくほど高等になるが、実はこのような動物学的な考え方は無視してもいい。「このへんにエビがいて、タイはこのあたりにあるんだな」と、ぼんやり当てはめて記憶する。これをスーパーなどで買い物をするときにやってみて欲しいのだ。例えば [ウニの仲間は貝よりも魚に近い] し、[ウニ、エビやカニとは距離があり]、[イカやタコと、エビやカニの距離が近い]。こう考えると、混沌としたすしダネの世界がすっきり見えてこないだろうか？

魚類

- 〔フグ目〕トラフグ、カワハギ
- 〔カレイ目〕ヒラメ、マコガレイほか
- 〔スズキ目〕ハタハタ、マダイ、サバほか
- 〔ダツ目〕サヨリ、サンマ、トビウオ
- 〔カサゴ目〕カサゴ、オコゼ、キチジ、メバル
- 〔キンメダイ目〕キンメダイ、エビスダイ
- 〔タラ目・アシロ目〕マダラ、ヒゲダラ
- 〔アカマンボウ目〕アカマンボウ
- 〔サケ目〕サケ、サーモン、シラウオ
- 〔ニシン目〕ニシン、コノシロ（こはだ）、シラス
- 〔ウナギ目〕ウナギ、アナゴ、ハモ

甲殻類

〔抱卵亜目（ほうらんあもく）〕
- カニの仲間：ズワイガニ、ベニズワイガニ
  - 卵を産んだら体に抱え守る
- タラバガニの仲間：タラバガニ、アブラガニ
  - クルマエビの仲間とは別のグループだ
- エビの仲間：サクラエビ、イバラモエビ、甘エビ、ボタンエビ、イセエビなど

〔根鰓亜目（こんさいあもく）〕
- クルマエビの仲間：クルマエビ、バナメイ、ブラックタイガー、アルゼンチンアカエビ
  - 卵は産みっぱなし

〔口脚目（こうきゃくもく）〕
- シャコ

軟体動物

- 〔頭足類〕イカ、タコ
- 〔二枚貝〕ハマグリ、アオヤギ、ホッキガイ
- 〔巻き貝〕アワビの仲間、バイ、サザエ

棘皮動物（きょくひ動物）
- ウニ
- ナマコ
- ホヤ　魚はホヤが進化したんだ！

環形動物
- カニビル　ズワイガニの甲羅についている黒くて丸い卵の正体
  - わたしとウニは親戚よ！

海藻類
- ノリ

地上の植物
- ワサビ

コウイカ

墨烏賊(すみいか)

墨にまみれているのがうまそうに見える

切れ目を入れて一瞬湯に通したもの。すしダネの仕込みの基本的なもののひとつ。透明感が増して、甘みやうま味が増す。

鹿児島県から初夏に入荷してきた新イカ。甘みとうま味はあくまでも淡く、口に入れると柔らかく、あっけないくらいだが、握りとして理想型に近いバランスのよさがある。

おさかなデータ

コウイカ目コウイカ科
関東以西に生息
旬：寿命は一年。成長段階すべてが旬
呼び名：イカの中でもっとも味がいいので「真イカ」。頭に見える部分に針があるので「ハリイカ」
食データ：高級な刺身で、一般的には刺身となるが、実は「一夜干しの方がうまい」という人も多い。その通りだと思う

東京湾以西に産地があり東西で取り扱い方が違う

イカは、貝から進化した生き物。本種などコウイカ類は貝殻の名残り「甲」を体の中に持っているのでコウイカという。比較的暖かい内湾に生息し、産卵期は春から夏で、南ほど早い。産卵後は死んでしまうため、寿命は一年。体に大量のイカ墨を持っていて、興奮すると墨を吐く。関東では墨にまみれた状態を喜び、西日本では丁寧に墨を洗い流してしまう。

すしダネとしてはピンポン球くらいから登場

孵化してピンポン球くらいになったものを「新イカ」といい、江戸前では秋口のすしダネ。鹿児島県から入荷するようになり、梅雨開け前からの登場も。はしりにはキロ四万円前後もする超高級なものだが、すぐに値段は落ち着く。新イカの時期と、肉厚になり甘みが増す寒い時期、そして産卵間近と、季節ごとの味があるのが特徴。

紋甲烏賊 (もんごういか)

カミナリイカ

大型のコウイカで味にもボリュームがある

肉厚で甘みがほどよく、味にもふくらみがある。おおらかで豊かな味わいで、後味がいいので、ついつい追加したくなる握り。

鮮度がいいと体に猫の目状の模様があり、さわると動く。

おさかなデータ

コウイカ目コウイカ科
生息域は房総半島以南だが、西日本に多い
旬：秋から春
呼び名：高知では大きく、味がいいので「真イカ」
食データ：大型のイカで、煮ると少し硬い。おかずには、バターで焼いて生しょうゆをかけるのがうまい、と土佐の漁師は語る

本来、本種の代表的呼び名「モンゴウイカ」は輸入物の代名詞に

内湾生の外套長三十センチ以上になる、猫目形の紋が特徴の大型のコウイカ。春から初夏に産卵される本種の寿命は一年で、成長は驚くほど早い。関東ではなじみが薄いが、西日本では好んで食べられる。その人気にあやかり、アフリカなどから輸入される大型のコウイカに「モンゴウイカ」と名付けたため混乱が。本来の「モンゴウイカ」は本種のことだと明記したい。代表的な産地は瀬戸内海、四国、九州など。

秋には手のひらくらいの新イカが春には三キロ近い大イカが入荷

秋になると手のひら以下の新イカが入荷して柔らかく、甘みが合ってすしダネとしても魅力的。それが年を越えて、春になると巨大化。甘みもうま味も増すが、すし飯とのなじみは極端に悪くなる。関東ではこの大きすぎるイカを嫌うが、西日本では肉厚のボリューム感を喜ぶ。

イカ・タコ

139

アオリイカ

障泥烏賊（あおりいか）

イカの中でも味、値段の最高峰

切りつけて肉厚で、ボリュームがある。甘みがあり、そのくせ後味がよい。ほどよい硬さで、すし飯との相性もよく、イカの王様の名に恥じぬ味。

ネタの切りつけをして、さっと熱湯をくぐらせ、はけでさっとつめを塗った。不思議と透明感が増し、うま味が増す。江戸前の伝統的な技が生きる。

おさかなデータ

ツツイカ目ヤリイカ科
北海道南部以南に生息
旬：旬は晩春から夏。産地によって旬が異なるので一様ではない
呼び名：植物のバショウの葉に似ているので「バショウイカ」。水のように透明な体なので「ミズイカ」
食データ：山陰、長崎などで作られている干物は超希少品。隠岐や五島列島まで海を渡って買うだけの価値がある

値段的にも味的にも、大きさでもイカの中のイカ、イカの王様

北海道南部から熱帯域まで広く分布する大型のイカで、重さ四キロ前後にもなる。産卵期が春から秋口までと長いので、年間を通して味のいいものが手に入る。近年、三種類に区分されたが、区別しないで説明する。「障泥」とは馬具の泥よけ用布。形がこれに似ているので名前がついた。

体表のコバルトグリーンの明滅が鮮度を見極める決め手

イカの味の決め手は、甘みを感じるアミノ酸のグリシンの量。本種は、このアミノ酸がイカの中でかなり多く、味が値段に反映して高価になる。すしダネとしては一年中あるが、冬イカと呼ばれるヤリイカに対し、夏のイカという印象が強い。仕込みはいたって単純。煮たり、湯引きしたりなどの余計なことは無用。残念な点は、げそが大きくて味がいいのだが、やや硬くてすしダネとして使いにくいことくらい。

ヤリイカ

槍烏賊（やりいか）

寒くなればなるほど味がよくなる冬イカ

手のひらにのる秋口に入荷したものを、煮イカにして、胴の部分にすし飯を詰めた。これを江戸前では印籠という。柔らかく、イカのうま味もあって、小粋な握りだ。

寒い時期の親イカ。コリコリとした食感が特徴。甘みもうま味もほどよく、まことに後味が良い。

おさかなデータ

ツツイカ目ヤリイカ科
北海道から九州まで生息
旬：秋から春
呼び名：笹の葉に似ているので「ササイカ」。剣に似ているので「ケンイカ」
食データ：体の端、左右についている三角形を耳、もしくはヒレという。本種が好きな人が真っ先に食べる部分。ここだけの刺身はコリコリとしてうまいのだ

子持ちの雌、巨大な雄、いろいろな味が楽しめる

百メートル以上の深い沖合で、小魚などを追いかけ群れを作り生息している。春から初夏にかけて産卵、夏には小イカが見られる。秋から冬にかけて急速に成長。翌春には成熟して産卵。産卵後に死んでしまう。関東で好まれてきたイカで、夏の小イカのときから様々に調理され、食されている。成長すると雄の方が大きくなり、冬の子持ち、春の大イカと季節ごとの味がある。

秋に獲れる小イカからすしダネとして使われる

盛夏から秋口になると新イカが入荷してくる。生でも柔らかく、ほんのり甘いので人気があるが、すしダネとしては煮イカが本流。江戸前ずしの伝統的なものひとつで、職人の腕の見せ所となっている。最近では、これを作るすし店が少ないのが非常に残念。寒くなるに従い急速に親イカとなり、ネタケースに登場する回数が増える。

イカ・タコ

ケンサキイカ

剣先烏賊

甘みの強さは随一の高級イカ

口に入れた途端に甘みが広がり、ほどよい硬さですし飯とのなじみがいい。甘み、うま味はすし飯と混ざってもありありと感じられ、ほんのりとした甘みが舌に残るのも心地よい。

げそを軽くあぶって握ったもの。生も美味だが、あぶると鼻腔に抜ける甘みを感じさせる香りが楽しめ、げそならではの強い食感に、甘みの強さでインパクトある1かんとなる。

おさかなデータ
ツツイカ目ヤリイカ科
青森県以南の日本海、本州中部以南の太平洋に生息
旬：産卵期が長いので一年中味のいいものが手に入る。最盛期は夏
呼び名：山陰などで「白イカ」、関東では「赤イカ」。五島列島周辺に多いので「ゴトウイカ」
食データ：本種を使ったスルメは非常においしいので一番スルメといい、超高級品で国産物は超レア

主産地は九州北部から山陰。西日本のイカ

ヤリイカよりも暖かい海域に多く、主産地は九州、山陰地方で多く獲れ、好まれている。地域によって種が異なるが、山陰での「真イカ」は本種をいう。関東など、日本各地で獲れるものの、比較的西日本に多いイカといっても間違いではない。

関東では「赤イカ」、西日本では「白イカ」という。この東西での呼び名の違いと、別にアカイカという和名のイカがいるため、しばしば混乱が起こっている。

発泡スチロールの箱を開けたときの赤みが命

関東では赤い色合いの鮮やかさが選びどころ。高価なイカなので職人さんも真剣である。表面を指ではじくと色素が明滅するようなのがベスト。これを握る直前におろし、切りつける。透明感があり、このイカの最大の持ち味である甘みを楽しむ。げそが柔らかく味がいいのも特徴のひとつ。

ジンドウイカ

雛烏賊(ひいか)

江戸時代にはイカの子供と思われていた

小ぶりのものを2尾、2枚づけにしたもの。非常に柔らかく舌の上で、即、すし飯となじむ、淡いがまとまりのいい味わい。

しょうゆ、酒、砂糖の煮汁で短時間煮たもの。皮付きなので見栄えは悪いが、味のよさは天下一品。思わずネタケースの残りを数えてしまう、それほどにうまい。

おさかなデータ

ツツイカ目ヤリイカ科
北海道から九州に生息
旬：秋から春
呼び名：一般的には「小イカ」といわれることが多い
食データ：片手に4〜5尾、のるくらい小さいので、普通は丸ごと煮るか、焼く。塩をふり、焼いて、というのがイチ押しかな

小さいので昔はイカの子供だと思われていた

内湾で普通に見られる小型のイカ。江戸時代の書『魚鑑』には「これ雛烏賊なり、即いかの子なり」とあり、イカの子供と思われていたようだ。江戸時代、日本橋にあった魚河岸でも盛んに水揚げされていた。江戸の医師である竹井周作をして「味ひ尤美」とあるように、おいしくて安かったこともあり、庶民の味として人気があったようだ。今でも日本各地で水揚げされ、手頃な値段であることはかわらない。

大きくなっても小イカ
当然柔らかで、淡い味

親指くらいのサイズから入荷が始まる。大きくなっても手のひらにのるくらい。一尾で一かんの握り「丸づけ」というが、二尾づけでちょうどというサイズからすしダネに。古くは煮物ネタで、甘辛くサッと煮て握りになった。最近では生でも使われるが、これも柔らかく美味。

イカ・タコ

スルメイカ 鯣烏賊（するめいか）

国内でたくさん獲れるうまいイカ

初夏に相模湾で揚がった手のひらほどの麦イカを酒、砂糖、しょうゆで甘辛く煮て、すし飯を詰めた印籠。甘辛く、少々ひなびた味わいに、すし飯の爽やかさがきく。

厚みを半分に切り分け、素麺のように細く切りつけたもの。ややうま味に欠けるのを、素麺状に切ることで味わい深くしている。すし飯とのなじみも絶妙。

おさかなデータ

ツツイカ目アカイカ科
日本周辺、東シナ海に生息
旬：産卵期が違う3つの個体群があるので年間を通して味がいい
呼び名：イカの代表的なものなので「真イカ」。小さいのを「バライカ」「麦イカ」
食データ：東伊豆の名物料理に「イカ雑炊」がある。米から煮ることもあるが、基本的に身とげそ、わたを、しょうゆとみりん、鰹節だしで煮て、ご飯を加え、卵を割り込んで混ぜるだけ。寒い日に身体が温まる

イカ釣り船の光が夜の日本海を光らせる

日本列島をぐるりと囲むように回遊している。水揚げ量の多いのは日本海で、夜、イカ釣り船に集魚灯を点けておびき寄せ、小魚に似せた疑似バリを使って釣り上げる。この集魚灯の光は、宇宙から見て日本海を明るく浮き上がらせるというのだから、その規模が想像できるはず。本種は大量に獲れることもあり、年間を通して供給が安定し、値段も安値で安定している。

伝統的な煮イカの味にイカ素麺など新しい味も

すしダネの上と並にたとえて言えば、ヤリイカやアオリイカは上、本種は並。煮ても生でも手頃な値段で味がいいのが本種の売り。関東では、麦が実る頃に出る小さい本種を「麦イカ」と呼ぶが、これを甘辛く煮て握ったのはまことに美味。大型になると少々硬くなるが、これをイカ素麺にして束ねて握るのもうまい。

ソデイカ

袖烏賊(そでいか)

熱帯から暖流に乗ってやって来る巨大イカ

冷凍をもどして握ったもの。分厚く切りつけても柔らかく、ほどよい甘さが感じられる。ボリュームのあるすしダネで、満足感が得られる。

生を薄くそぎ切りにしてつけたもの。少し硬いが、味は決して悪くない。ただ、甘み、うま味ともにイマイチで、上物とはいえない。

おさかなデータ
ツツイカ目ソデイカ科
世界中の温帯・熱帯域に生息
旬：年間を通して
呼び名：沖縄では「セーイチャー」、山陰では「タルイカ」
食データ：あるすし店では、残り物を細かく切り、塩胡椒をしてバターで焼く。仕上がりにしょうゆで味つけ。じゅうじゅうと音を立てているのを、残り物のすし飯にトッピング。「すし屋のまかない丼」のひとつだ

魚河岸に多いイカの名前、それが赤イカで少々やっかい

漁獲量一位は沖縄、次いで山陰・鳥取が産地。体長一メートル以上、重さ二十キロ超の巨大なイカ。熱帯から暖流に乗り、本州にまで回遊してくる。驚くことに、これだけ巨大なのに寿命が一年とされている。

この巨大なイカが市場に並ぶ光景は壮観。一見珍しく思えるが、食用イカとしては平凡なもの。流通上は「赤イカ」と呼ばれ、すし店などでも「ソデイカ」では通りが悪い。ただし魚河岸の「赤イカ」は一種類ではなく「ケンサキイカ」、標準和名の「アカイカ」までいるので紛らわしい。

すしダネには冷凍を使う

魚河岸では、基本的に冷凍されたものが売られている。当然、丸のままの生鮮品もあるのだが、生では少々硬いのだ。むしろ、一度冷凍したものを戻し、切りつけると、ほどよい甘さと柔らかさが感じられる。

ホタルイカ

蛍烏賊
(ほたるいか)

日本海に春を告げる光を放つイカ

コロコロとふくらんだ上物を海苔帯で留めた。手間いらずで客に出すのを躊躇する職人もいるが、こっくりと味が濃く、すしダネとして上々である。

古くは丸で握っていたが、現在では内臓をのぞいてつける。小さいイカではあるが、皮付きなので味わい深い。柔らかいのですし飯との相性もいい。

おさかなデータ
ツツイカ目ホタルイカモドキ科
本州以北、オホーツク海に生息
旬：春
呼び名：古くは肥料にも使われたので「肥イカ（こいか）」「マツイカ」
食データ：山陰から三陸までの港で水揚げされ、釜ゆでし出荷される。各港にゆで名人がいて、味自慢がある

日本海の春の風物詩 光るイカは観光資源でもある

日本列島を囲むように生息している小型のイカ。発光物質を持っており、光るのが特徴。和名は、明治期に動物学者の渡瀬庄三郎博士がつけた。産地では「コイカ」「マツイカ」などと呼ばれていたが、今では標準和名の方が一般的。春先に山陰から獲れはじめ、富山湾で揚がる時期が最盛期。古くは丸ごと生で食べるのが人気であったが、旋尾線虫という寄生虫が発見されたため、内臓を取らないと生食は不可に。

完全な生もいいが やはり普通にゆでたものがいい

基本的に浜ゆでしたものを、すしダネに。海苔帯や軍艦巻きにして、わさびではなくショウガを合わせる。春になると生が出回るが、小さいイカなのに、内臓を取ってしまうのであまり見栄えがしない。ただし小さくてもイカらしい味がしっかり感じられる。季節限定の味として楽しみたい。

ベイカ

瀬戸内海にいる小さな高級イカ

米烏賊(べいか)

鍋につきっきりでほどよくゆであげ握ったもの。柔らかく、内臓にうま味があり、すし飯との相性が抜群にいい。後味がいいので、いくらでもつまめる絶品の握りである。

おさかなデータ
ツツイカ目ヤリイカ科
瀬戸内海、有明海、東シナ海に生息
旬：春から初夏
呼び名：「チイチイイカ」「ベコ」とも
食データ：春に出る山椒の芽と酢みそと合わせるのが瀬戸内流。本種の木の芽和えはひな祭りにも食べられる

瀬戸内海で伝統的な四つ手網で獲る

内湾の淡水が混じり合う水域にいる小型のイカ。四つ手網や小型の定置網で獲る。瀬戸内海周辺は小型の魚介類をおいしく食べる文化がとても発達している地域で、春の本種もごちそうのひとつ。すしダネとしても重要で、岡山などでは軽くゆで、海苔帯を使って出してくれる。

コブシメ

コウイカ類では日本一巨大

大墨烏賊(くぶしめ)

巨大なので、硬そうに思っていると意外に柔らかい。大味に思えて、実は端正でほどよい甘みがある。熱帯の上ネタのひとつ。

おさかなデータ
コウイカ目コウイカ科
九州南部から琉球列島に生息
旬：夏から秋
呼び名：沖縄八重山で「クブシミヤー」、宮古で「クブシヤ」
食データ：墨がたくさんとれるイカ、というのが名前の由来。沖縄名物がイカの墨汁。真っ黒な汁で島唐辛子で作ったコーレーグスを入れて食べる

雌をめぐり闘う大岩のようなイカ

サンゴ礁に暮らす大型のイカで、水温が下がる時期に産卵する。雄は縄張りを持ち、雌をめぐって盛んに闘いをいどむ。沖縄では名物のイカ墨汁にすることが多いが、刺身の味わいも甘みがあり美味。沖縄、奄美のイカは本種とアオリイカとソデイカの三種。アオリイカとともに上ネタでもある。

マダコ
蛸（たこ）
今でも江戸前東京湾が一番だ？

国産の市販のゆでタコ。今ではすし店でゆでることは希。国産はタコ独特の香りが強く、ほんのりと甘い。強い食感でありながら適度にかみ切ることができ、すし飯となじむ。

しょうゆ味で甘辛く味つけした桜煮。甘辛く、タコのうま味も感じられて、こっくりした味わいが、すし飯の酸味、甘みと絶妙にからむ。

おさかなデータ
八腕形目マダコ科
茨城県、能登半島以南に生息
旬：冬
呼び名：日本全国「マダコ」だが、日本海ではあまり獲れないので「イシダコ」とも
食データ：いちばんうまい食べ方は、兵庫県明石市名物の卵焼き。卵たっぷりのたこ焼きの原型。卵とタコは抜群に相性がいい

国産はどんどん高級にどんどん貴重に

比較的暖かく、岩が多い海域に生息している。好物はイセエビをはじめとしたエビやカニ。産卵期は初夏から秋。生み出した卵が藤の花を思わせる姿から「海藤花（かいとうげ）」という。雌は卵を保護する。

蛸壺漁や釣りで獲る。多くは水揚げ港でゆでて出荷。そのため、一般的に見かけるのはゆでたもの。国内産だけでは足りず、アフリカ・モーリタニアなどから輸入しているが、ゆであげた色合いがアフリカ産は赤く鮮やか、国産は小豆色でくすんでいる。

江戸時代以来の伝統的なすしダネ

産地は兵庫県明石や熊本県天草など日本各地に。江戸前東京湾でも揚がり、すし職人の間でも評価が高い。伝統的なすしダネだが、イカに比べると必須ネタではなく、彩り的な役割に。普通はゆでたものを握るが、しょうゆ味の桜煮も根強い人気がある。

ミズダコ

水蛸
みずだこ

大きさは世界一、魚河岸に並ぶ足もデカイ

足だけになって入荷したものを刺身に。まだ筋肉は生きている状態で切りつけても、すし飯の上でゆっくり動く。生らしい味わいに、強い食感。柑橘類と塩がおすすめ。

市販のゆでだこ。確かにマダコほどうま味も甘みもないが、柔らかく、みずみずしい。しょうゆよりも柑橘類と塩が合うというすし職人も多い。

おさかなデータ

八腕形目マダコ科
日本海、相模湾以北の太平洋に生息
旬：はっきりしない
呼び名：世界一大きいので「オオダコ」
食データ：短時間で火が通るので定番料理に「しゃぶしゃぶ」がある。昆布だしをとり、そこでしゃぶしゃぶして、ポン酢で

魚河岸でマダコよりも幅をきかせる北国のタコ

寒冷な水域にいる全長三メートル以上になる巨大なタコ。マダコが少なくなった今では、国産ダコのエース的な存在。釣り、カゴ漁、箱漁などで獲るのだが、巨大なため漁は格闘技のよう。

ゆでたものが流通するマダコに対して、生鮮品としての流通も多い。水っぽく大味とされているが、その分柔らかく、鍋物や、刺身、カルパッチョに使われる。味わいがあるので、生鮮品は高値で取引されている。

柔らかさが生み出す北のタコの握り

マダコに比べると遙かに大きく、その分大味だ。やや水っぽいとされるが、ゆでてもあまり硬くならず、タコの香り、甘みはしっかり楽しめる。生や軽く湯引きしたもの、軽くあぶったものなどは本種ならではの食べ方だ。すしダネには、ゆでるだけよりも、一手間かけて生きる素材といえそう。

イカ・タコ

イイダコ 飯蛸

本体よりも飯粒に似た卵が重要?

江戸風に甘辛く煮た雌。すし飯とのなじみの悪さが欠点だが、飯の甘さとほくほく感、身の食感が極めつき。

雄の桜煮。身自体の味わいは、こちらの方が上。飯ほど目立たないが、白子もほんのり甘い。

イイダコの目印は肩にある金色のリング

おさかなデータ

八腕形目マダコ科
北海道南部以南に生息
旬:秋から春
呼び名:雌が主役なので「子持ちダコ」「イシダコ」とも
食データ:なんといっても、おでんに入ったイイダコは別格。じっくり煮て柔らかく、しょうゆ味がきいて、熱燗のアテにたまりません

主役は子持ちの雌で値段も雄よりも遥かに高い

内湾の浅場に普通の小型のタコ。広げた腕の左右に、金色のリングをつけてなかなかお洒落である。エサは内湾の砂地などにいるバカガイやアカガイなど。貝殻を見つけて隠れる習性を利用し、貝殻を蛸壺のように使った、縄文時代から伝統の漁がある。底引き網などでも獲れる。産卵期は春。子持ちの獲れる冬から春が漁の最盛期。代表的な産地は瀬戸内海や愛知県など。

今でも江戸前が健在 関東風に濃いしょうゆ味で

江戸前らしい、しょうゆで煮染まったようなものを使うのが基本。「雌の飯(卵巣)、雄の身」といい、身のうまさでは雄に軍配が上がるので、雌ばかり食べるのはおかしい、とベテランすし職人は語る。また雄の白子もうまい。一月になると魚河岸には子持ちが出始め、春に最盛期を迎えるが、雌は高級ネタ、雄は並ネタである。

コラム ④ 国内から覚えていこう、ブランド魚介類

名産、名品の地図、全部は書き切れない

ロシアからウニとカニ、サケ類は南米チリ・北欧、エビやアワビは世界中から輸入している。養殖ものも増え、地域性が徐々になくなりつつある。

それでも東西南北に長い日本列島の魚介類は豊かで種類が多い。

なかでも地名をつけて語られるもの。例えば**閖上のアカガイ、常磐のカレイ、三河湾のトリガイに羽田のアナゴ**、淡路島のアジなどがある。ブランド化された**島根県浜田市のどんちっちアジ、大分県佐賀関の関さば、熊本県天草の黄金のハモ**がある。

たくさん獲れる地域、あまり獲れないけど味がいいので有名な場所。名物、名産を地図で見るとわかる。「日本列島の水産物は豊富で味がいい」。

地図上の表記:

- 対馬: 紅瞳(ノドクロ)
- 日出町: 城下かれい
- 中津: 豊前はも
- 天草: 黄金のハモ
- 有明海: タイラギ、アカガイ、ミルクイ、ノリ
- 錦江湾: ボウズコンニャク
- 沖縄: 三大高級魚 マクブー、ハマダイ、アカジンミーバイ
- 屋久島: 首折れサバ
- 延岡: 北浦灘アジ
- 佐賀関: 関あじ・関さば
- 宍道湖: シラウオ
- 萩: 瀬つきアジ
- 浜田: どんちっちマアジ
- 瀬戸内海: ブリ、サワラ
- 明石: マダコ
- 有田: タチウオ
- 土佐清水: 清水サバ
- 鳴門: マダイ
- 福井: 越前ガニ
- 丹後町: 間人ガニ
- 鳥取: トロハタ
- 輪島: シマエビ
- 新潟: ホッコクアカエビ
- 佐渡: 本マグロ
- 氷見: ブリ
- 滑川: ホタルイカ
- 三河湾: トリガイ、ミルクイ、白ミル
- 浜名湖: クルマエビ、コハダ
- 由比: サクラエビ
- 的矢: マガキ
- 志摩: トラフグ
- 御前崎: カツオ
- 三浦: 松輪サバ
- 伊豆諸島・小笠原: アオダイ、ハマダイ
- 銚子: マサバ
- 九十九里: サトウガイ
- 大原: マダカアワビ、クロアワビ
- 勝浦: カツオ
- 羽田: マアナゴ
- 常磐: マコガレイ
- 閖上: アカガイ
- 長野: 信濃雪鱒
- 秋田: ハタハタ
- 気仙沼: サンマ、カツオ、マグロ
- 金華山沖: 金華さば
- 宮古: キタムラサキウニ
- 陸奥湾: ホタテガイ、マサバ、スルメイカ
- 大間: 本マグロ
- 戸井: ホッキガイ、シロガイ
- 苫小牧: ホッケ
- 石狩: ヒラメ
- 増毛: ボタンエビ、シマエビ、甘エビ、シャコ
- 網走: 釣りキンキ
- エゾバフンウニ

※赤字は各地のブランド魚

アカガイ

赤貝

赤い色合いの強いものほど上物

口に入れた途端に強い甘みがあり、独特の渋みを伴った味が口中に広がり、貝らしい風味が鼻腔を抜ける。ほどよい硬さですし飯との相性も抜群。

甘みの強さは本体と変わらず、その上コリコリとした心地よい食感が楽しめる。常連客がいの一番に探すすしダネだ。

片方の貝殻にある筋の数が42本前後。

おさかなデータ

フネガイ目フネガイ科
北海道南部から東シナ海に生息
旬：冬から春
呼び名：ほ乳類と同じタイプの血液を持っているので「血ガイ」、小さいとき藻などにからまるので「藻ガイ」
食データ：江戸で貝を売り歩くのを「棒手振（行商）」といった。売っていた中でもっとも高価なのが本種で、定番は酢の物

栄養分の豊富な内湾で育つ美味な玉

内湾の栄養豊かな場所に見られる二枚貝。産卵期は初夏から夏で、孵化すると浮遊生活をし、海藻などにからみつく。成長しても、この藻にからめた糸は残る。市場では単に「玉」。「検見川（けみがわ）」は千葉市検見川に大量に集められたため。本場東京湾ではほとんど獲れず、今の産地は宮城県閖上（ゆりあげ）を最上とし、三河湾、瀬戸内海など。韓国、中国などからの輸入ものも多い。

すし屋の看板のひとつ並ネタが今では特上ネタに

古くは東京湾に多く、一斗缶で売られるほどの安さだったが、今や高価な貝に。すし職人は市場で貝同士をぶつけて音を聞き、慎重に選び、丁寧に仕込んで握る。赤みの強いものほど上物。一個で一かんの握りにしかならないので、すしの値段がそのまま貝の値段と思うとわかりやすい。江戸時代以来の伝統的なすしダネだ。

サトウガイ

佐藤貝 (さとうがい)

場違いの「ばち」なんて言わせないうまさ

九十九里産の生きのいいのを握ったもの。甘みが強く、シコッとした食感が心地よい。貝らしい風味もほどよく、すし飯とのなじみもいい。

ひもの味も抜群である。コリコリと歯ごたえがよく、甘みが真っ先にきて、味わい深い。すし飯の甘さ、酸味との相性もいい。

片方の貝殻にある筋の数が38本前後。

おさかなデータ
フネガイ目フネガイ科
千葉県九十九里、山陰から九州に生息
旬：冬から初夏
呼び名：なぜか「ジジイガイ」「マスガイ」とも
食データ：アカガイよりも安いのは身の赤みの弱さゆえ。味はとてもいいので、アカガイ同様刺身がいちばん

標準和名のサトウはアーネスト・サトウから

江戸の街に近い内湾で獲れるアカガイを「本玉」と呼ぶのに対し、外洋に面した砂地で獲れる本種は、場所が違うので魚河岸では「場違(ばち)」「ばち玉」などと呼ばれる。

幕末、日本に来たイギリス人外交官「アーネスト・サトウ」が明治維新に重要な役割を果たしたことから、学名も和名も彼にちなんだ。後に日本名「佐藤」を名乗ったので、漢字では「佐藤貝」となる。

味は色では判断できない非常に優秀な場違の味

魚河岸などでは、アカガイに比べ貝殻が白っぽいので、職人は「ばちか?」なんて通り過ぎる。赤いほどよいとされる玉としては黄色みが強いので嫌がるのだ。確かに赤みは弱いが、味はアカガイに負けないと思う。やや硬く、香りは落ちるにしても、その分、心地よい食感がある。決して「ばち」などと切り捨ててはいけない。

貝

青柳（あおやぎ）

バカガイ

強い風味と苦みで好き嫌いが分かれる

軽く湯引きしたもの。身の先がぴんと突き上がっているのをよしとする。強い甘みに、渋みとも苦みともとれる独特の味わいがある。これをたまらない味とする人と嫌う人がいる。すし飯の甘さ、酸味との相性が非常にいい。

2個ある貝柱の大星を生で軍艦巻きに。味わいは身に近いが、コリコリとした独特の歯触りが心地よい。貝をむくのは古くは東京湾ならではの技だったので、江戸前ならではとも。

おさかなデータ

マルスダレガイ目バカガイ科
北海道から九州に生息
旬：冬から春
呼び名：古くは船だまりにいたことから「ミナトガイ」。「キヌガイ」「サクラガイ」とも
食データ：実は干物がバカにうまい。木更津などでは「目刺し」、九州では「絹貝」などという。軽くあぶれば香ばしく、濃厚なうま味がある

バカと言わないで欲しい江戸前の味

内湾の浅い干潟や砂地にいる。東京の魚河岸などでは、もっぱら「青柳」と呼ばれる。これは千葉県市川市の地名で、このあたりでたくさん獲れたため。標準和名の「バカガイ」は千葉県内房での呼び名。

魚河岸に毎日必ずある定番的な貝

トレイにむき身が四枚、これが市場での流通の形だ。活け、貝殻つきのものもあるが、これは安定してあるものではない。職人はこのむき身をチョンチョンと触って、活きの良さを確かめて買う。すし職人により賛否両論のすしダネだ。

最近の主産地は北海道。次いで三河、東京湾。北海道ものは赤みが強いが、クリーム色で大型、東京湾ものは小ぶりになったと嘆く人多し。むいて開いて、さっと湯引きしたものがすしダネの基本形。貝殻の前後にある貝柱も重要なすしダネだ。

白貝（しろがい）

アラスジサラガイ

昔はホッキガイ漁の混ざり物だった

やや彩りに欠けるが、貝独特の風味やクセが弱く、甘みやうま味もほどほどなので、好き嫌いがでない。ほどよい食感が楽しめ、すし飯との相性も抜群にいい。

おさかなデータ

マルスダレガイ目ニッコウガイ科
北陸、銚子以北に生息
旬：冬から春
呼び名：北陸では「マンジュガイ」
食データ：産地でのおすすめ料理ナンバーワンが野菜炒め。中華料理のプロがびっくりするほどのおいしさ。安い貝なので一度お試しを

古くは産地で消費されていた陶器を思わせる貝

関東でもっぱらシロガイと呼ばれるこの貝は、実は一種類ではなく、本種の「アラスジサラガイ」と「サラガイ」の総称である。ただし、すしダネとしてはより大きくなる本種のほうが使いやすい。

主産地は北海道、浅い砂地に生息している。古くはホッキガイ漁のときに混ざるもので、産地で消費されていたようだ。そのため、ホッキガイの産地では朝昼晩の食卓に本種が上る、なんてこともあったよう。

関東ではまだまだなじみが薄いすしダネとしては北陸が本場？

関東では、青柳のような独特の風味と苦みがないので人気がない。むしろ本種を非常に珍重するのは北陸と、北陸以北の日本海側や北海道。魚河岸での値段も関東よりも高い。すしダネ名は「万寿貝（まんじゅがい）」。生でも使えるが、基本的には短時間ゆでてすしダネに。クセのない味わいで万人向き。

蛤 (はまぐり)

ハマグリ / シナハマグリ / チョウセンハマグリ

標準和名の"ハマグリ"は幻の味

シナハマグリ
大型の中国産ハマグリを使ったもの。やや控えめの味つけで、柔らかく、調味した以上、貝自体の甘みがある。この甘みがすし飯と合わさると、なんともいえずうまい。

江戸時代から高価な二枚貝だった

東京湾に面した縄文時代の貝塚から大量に見つかるのが標準和名"ハマグリ"の貝殻。内湾の干潟にも多く、簡単に獲れたため、古代からの重要なタンパク源であった。これが干潟の乱開発や汚染で徐々に姿を消し、現在国内ではほとんど獲れない。

ここで俄然注目を浴びたのが「場違いハマグリ」と呼ばれ、古くは安かったチョウセンハマグリ。ハマグリが内湾にいるのに対して、「場違い」の外洋に面した波打ち際「汀線(ちょうせん)」にいる。貝殻が厚く、大味といわれていたが、今や「地ハマ」と呼ばれて、超がつくほどの高級品となっている。

ただし前二種の国産の漁獲量はそんなに

おさかなデータ

ハマグリ
マルスダレガイ目マルスダレガイ科
北海道南部から九州に生息

シナハマグリ
マルスダレガイ目マルスダレガイ科
朝鮮半島西岸から中国大陸に生息

チョウセンハマグリ
マルスダレガイ目マルスダレガイ科
日本海西部、鹿島灘以南に生息

旬：冬から春
呼び名：地方名がほとんどない。東京の婦人言葉に「御」をつけて「オハマ」というのがある。また「ぐれはま」というのはハマグリの貝殻は反対にすると合わないことから、話が合わないことをいう。「ぐれる」の語源でもある
食データ：ひな祭りにはなんといってもハマグリのお吸い物。澄んだ汁に濃厚なうま味

ハマグリ

国産のものから大きいのを選んで漬け込んだもの。柔らかく貝らしい風味もある。しょうゆのうま味に貝のうま味と合わさり、柔らかくすし飯と渾然一体となったときのうまさは別格。

チョウセンハマグリ

鹿島灘産の地ハマ。漬け込んでもほどよい食感があり、これが持ち味。古く「場違(ばち)」などと言っていたことが信じられないうまさ。

すしダネには
大きければ大きいほどいい

ハマグリの値段を決めるのは産地でも種類でもない、大きいほど高い。一つで一かんのすしダネとなるのだが、このサイズが実に希少。魚河岸でもすしダネ用のハマグリを扱っている店は少なく、上物だけを扱う店にのみ置かれている。

原則的に生では握らない。ゆでたものを甘辛いタレに漬けるので、ハマグリの仕込みを「漬け込み」と言う。ゆですぎると硬くなり、生でもダメ。職人技の生きるすしダネだ。手間がかかり、原価が高いので煮ハマグリを置くという店は少なく、間違いなく高級店である。江戸時代以来の江戸前の味を楽しむのは非常に難しいのだ。

多くない。それを補っているのが台湾のハマグリや中国、韓国などから輸入しているシナハマグリだ。今や単にハマグリといったらシナハマグリのことと考えていい。

貝

ミルクイ

海松貝(みるがい)

大きな貝なのに水管しか使わない贅沢

すしダネの先、すなわち水管の出入り口の部分が赤紫に染まって美しい。食感がほどほどに強く、甘みと貝独特のうま味、風味が豊富。すし飯とのなじみ、相性も非常によい。

ヤマナリアメリカミルクイ(写真上)
マルスダレガイ目バカガイ科
カナダ、アメリカから輸入されているのはアメリカミルクイとヤマナリアメリカミルクイの2種。

おさかなデータ
マルスダレガイ目バカガイ科
北海道から九州に生息
旬：冬から春
呼び名：長い水管を人の腕と見て「ソデフリ」。「モンジュガイ」「ミルクガイ」とも
食データ：すしダネで使うのは水管の部分だが、実は貝柱、足、ひもなどの部分も食べられる。捨てないで欲しいものだ

内湾にいる貝の中でも別格の大型種

内湾の浅場に生息し、長さ二十センチ、重さ二キロにもなる大型の二枚貝。巨大な水管が特徴で、ここに海藻などを生やしている。これを見た人が、ミル(海藻の一種)を食べているのだろう、と思い込み「海松食」となった。実際に食べているのは海に漂う有機質で、すしダネに適したサイズ、十五センチを超えるには十年近くかかる。

シロミルと区別するために「本ミル」という

今では貴重な高級品だった。獲れなくなり代用品のシロミル、アメリカミルクイが幅をきかせ、区別するために「本ミル」と呼ばれることが多い。すしダネになるのは水管のみ。貝殻に引っ込むことがなく、出ている部分が水管の全長。一つで一かん、大きいもので二かんとは、まことに贅沢。水管は、ゆでてザラザラした皮をむいてからつける。

158

ナミガイ

白海松(しろみる)

古くは代用品だけど、今やそんなに安くない

すしダネとしてはやや色合いが単調。うま味や甘味も平凡だが、クセのない、万人向きの味で、手軽な値段もあって握りにはファンが多い。

おさかなデータ

オオノガイ目キヌマトイガイ科
北海道から九州。近縁種は北半球太平洋に広く分布
旬：冬から春
呼び名：古くは「オキナノメンガイ」と呼ばれていた
食データ：生や湯引きよりも、焼いたり干したりしたものの方が味がいい、という料理のプロは多い。確かに干物は絶品

水管はどこまで伸びるのか砂に深く深く潜り込んでいる

「シロミル」として流通するものには「ナミガイ」と、カナダやアメリカなどから輸入されている「アメリカナミガイ」の二種がある。どちらもミル貝とは縁もゆかりもない。内湾の砂地などに深く潜り込み、長い水管を海底に出して、浮遊する有機質をエサとしている。重さ一キロ以上になる大型の貝で、体のほとんどが貝殻から飛び出すという不思議な姿をしている。

シロミルの味を知っている人は多いが本家本元のミルガイは知らない？

決して安い貝ではないが、すしダネとなる水管が非常に大きく、また輸入ものも多いので、回転ずしなどでは、本ミルよりもポピュラーな存在に。うま味の元となるアミノ酸の量が少ないのか、そのまま食べるとやや物足りない。当然、高級すし店では決して使わないものだが、貝特有の風味やクセがない分、万人向きといえそう。

貝

トリガイ

鳥貝
とりがい

黒いほど値段が上がる

三河湾産を開いて湯引きにしたもの。熱を通すことで甘みが増し、薄いのにシコッとした食感が強く、後々うま味が満ちてくる。すし飯との密着度も高く、酢との相性もよい。

おさかなデータ
マルスダレガイ目ザルガイ科
北海道を除く日本各地に生息
旬：春と秋
呼び名：足（身）の形から「キツネ」、貝殻の形から「チャワンガイ」
食データ：産地では、小さなものはゆでて酢みそで食べる。これを「トンボ」などと呼び、絶品である

ときどき大発生し突然いなくなる内湾生の貝

内湾の砂と泥の入り交じった浅場にいる、十センチ前後の貝。すしダネには、砂に潜るときに使う「足」の部分を使う。これが鳥のクチバシ形をしているのでこの名がある。国内での産地は三河湾や瀬戸内海。東京湾で獲れるのは小ぶりが多くなり、猛暑の夏には大量に死んでしまうなど漁獲は不安定。最近では中国や韓国などからの冷凍輸入を目にする機会も多い。回転ずしで使われるのは当然輸入もの。

最近ではほとんどがすぐに握れる状態で売られている

身が黒い方が上とされるが、この黒い色素が非常にはがれやすい。木ではなく、ガラス板などの上で、できるだけ触らないようにして開き、軽くゆがく。職人の技の見せどころだが、最近では、魚河岸ですしダネの状態にまで仕込んだものが売られていて、ほとんどのすし店で使われている。

石垣貝（エゾイシカゲガイ）

入荷量の少ない知る人ぞ知る高級貝

生でもいいが、これは軽く湯引きにしたもの。ぷっくりと肉厚の身で甘みが強く、貝らしいうま味に満ちている。心地よくかみ切れて、すし飯とよくなじみ、甘さの相乗効果を生む。

おさかなデータ
マルスダレガイ目ザルガイ科
茨城県鹿島灘からオホーツク海に生息
旬：冬から春
呼び名：魚河岸では「カゲ」を「ガキ」と間違ったようで「イシガキガイ」
食データ：1個数百円もする高級貝なので少々もったいない気もするが、実はバター焼きがうまいのだ

天然ものよりも養殖ものが目立つ

比較的寒冷な水深十〜百メートルの砂地にいる二枚貝で、獲れる量は少ない。古くから東京の魚河岸では、味がよく、すしダネにしてもキレイなので人気が高かったが、入荷量の少なさにマイナーな存在だった。これが職人さんに認知されるようになったのは三陸の岩手県陸前高田市広田湾などで養殖されるようになったため。

江戸時代からイシカゲガイなのに魚河岸ではイシガキガイ

江戸時代に出た貝の図鑑『六百介品』に「石陰介」とあるのに、魚河岸でもすしダネでも「イシガキガイ」と呼ばれるのは、こちらの方が言いやすかったためらしい。
トリガイに近い種ながら対照的な色合い。本種は入荷量が少ないこともあり、常に高価安定の高級ネタである。甘さと肉厚な身、ほどよい食感、惚れ込んで使うすし職人の気持ちが否応なくわかる。

ホタテガイ

帆立貝(ほたてがい)

今や輸出も盛んな北国の貝。昔は高かった

中の貝柱の握りは今や定番的なもの。甘みが強く、分厚く切りつけても柔らかいので食べやすい。すし飯の甘み、酸味とのなじみが非常によいのも特徴。

こっくり甘辛く煮て握ったもの。貝の甘みに砂糖、酒などの甘みが加わり、しょうゆのうま味まで加わり、濃厚なすしダネに、すし飯の酸味がいい。

おさかなデータ
カキ目イタヤガイ科
東北以北に生息
旬：秋から初夏
呼び名：秋田県ではあまりとれないのだが「アキタガイ」とも
食データ：別名「ベビーホタテ」という、大きさ4〜10センチほどの稚貝が入荷してくることも。これらは酒蒸し、みそ汁など、小さくてもとてもうまい

古くは貴重な貝で高級品だった

北国の浅い砂地などに生息する、直径二十センチにもなる大型の二枚貝。六十年代に養殖が確立するまでは、非常に獲れる量が少ない超高級な貝だった。砂地でたくさん獲れたかと思うと、同じ場所には全くいなくなる。移動が速いので、きっと片方の貝殻を帆にして海流にのって移動するのだろう、と「帆立貝」となった。「ヒモ」と呼ばれる外套膜の部分に黒い点が無数に散らばるが、これは光などを感知する目。外敵が近づくと、この目で認識して、貝殻を閉じるときの水流で逃げる。

天然ものと養殖ものがあるが味に大きな違いはない

貝殻の膨らんでいる方が白いのが天然もの、日焼けで紫褐色なのが養殖もの。大きな違いはない。天然ものの評価が高いが、大きな違いはない。食べる部分は主に貝柱。生のまま使われることが多いが、煮ても別の味わいがある。

ヒオウギガイ

緋扇貝（ひおうぎがい）

北国のホタテ、南のヒオウギ

軽くあぶったもの。口に入れた途端に広がる甘さ、濃厚なうま味、心地よい食感。これにすし飯のほどよい酸味がくる、この調和のとれた味わいが絶品。

おさかなデータ
カキ目イタヤガイ科
房総半島から沖縄に生息
旬：春
呼び名：刺激を加えると貝殻を開けたり閉じたりするので「パタパタガイ」「アッパッパガイ」
食データ：貝殻のまま焼いたら絶品。甘みがあり、貝らしい風味に満ちている。残念なのは、貝殻の色が落ちてしまうこと

主に西日本で養殖されている美しすぎる貝

比較的暖かい海域の岩場などに生息。貝殻を開閉して泳ぐこともできる。この貝の特徴は、個体によって赤や紫、オレンジに黄と色が違っていること。この色とりどりの貝を並べると豪華絢爛に思える。

魚河岸には紀伊半島、山陰、四国、九州などで養殖されたものが並ぶ。きれいなので正月用に、またお歳暮などにも送られる。観光資源としても人気が高い。

一般的には焼くだけど実は生で食べて非常にうまい

関東の魚河岸で本種を見て「色がいいけど、味はイマイチ」という人がいる。生よりも焼くことが多いので、評価が低くなるようだ。でも実は、生で食べると非常にうまい。食べる部分は肥大化した貝柱。ホタテガイ以上にうま味が濃く甘い。ただ、やや小ぶりのためか、刺身やすしダネにするのは産地周辺が主。一級品であるのに残念。

163

タイラギ
平貝
たいらがい

貝殻は大きな三角定規のよう

大きな貝殻を閉じるためか、身がしまり、シコっと食感が強く、独特の苦みと風味が感じられる。うま味、甘みが強いのに後味がいい。

リシケタイラギ
貝殻の表面に棘が無数にある。

タイラギ
貝殻の表面に棘がない。

おさかなデータ
ウグイスガイ目ハボウキガイ科
日本海中部、福島県以南に生息
旬：春
呼び名：水中の砂の中に突き刺さって、水中に立っているようなので「タチガイ」
食データ：産地では貝柱だけでなく「ひも」というヒモや小さな方の貝柱も好んで食べる。刺身はシコシコしてうまい

大きな貝殻なのに貝柱はそんなに大きくはない

すしダネのタイラガイは、「タイラギ」と「リシケタイラギ」の二種の総称。前者は貝殻の表面がなめらかで、後者には無数の棘がある。両種は内湾の水深三十メートルほどの砂泥地に、とんがった方を突き刺し、無数の紐状のもので固定して生息している。流通する三十センチ前後になるには孵化後五年以上かかる。三河湾、瀬戸内海や有明海が産地だが、年々獲れなくなっており、養殖も試みられている。

独特の苦みと風味がすし職人の心をくすぐる

大きな貝殻に対し、すしダネとなるのはピンポン球ほどの貝柱だけ。同じ大型の貝柱では、甘みが強くてクセのない万人向きのホタテガイに対し、本種は渋みや苦みもありひとひねり利いた味わい。この個性がすし職人の心をくすぐり、それほどたくさん獲れない本種を高価なものにしている。

オオミゾガイ
大溝貝
おおみぞがい

ブレイク目前、北国の大きな貝

常に水管(写真左)と足(身、写真上)の2かんで味わいたい。どちらも甘み、ほどよい貝の風味があるが、水管部分の方の食感が強い。上品な味わいにすし飯がからんで、飽きのこない握りだ。

おさかなデータ
マルスダレガイ目ユキノアシタガイ科
東北以北に生息
旬：春と秋
呼び名：地方名はない
食データ：産地である北海道では、地元の人たちがこっそり食べていた美味な二枚貝。北海道ではなんといってもバター焼きがうまいという

ホッキガイ漁に混ざって獲れる。知名度が低いのでお買い得

　水温の低い北国の砂地などに生息する、長さが十五センチを超える大型の二枚貝。和名は、明治期の貝類学の父である岩川友太郎が命名。本種の属するユキノアシタガイ科では、国内で唯一の食用貝。
　北国のホッキガイ漁に混ざって獲れ、以前は地元で消費されていたが、この中には美味なものが多く、ローカルな存在から全国的なものになりつつある。

貝の中でももっとも歩留まりがいい

　貝殻が手で割れるほど薄い。足(身)に厚みがあり、水管も大きいので、一つで二かんの握りがとれる。水管を食べるミルガイと、身を食べるホッキガイを併せたようだ。問題なのは色合い。湯通ししても赤くならず見栄えがしないため、すしダネとして使われなかったのだろう。握ると実に味がよく、すし飯になじむ柔らかさがある。

貝

165

ウバガイ

北寄貝(ほっきがい)

ホタテとともに北国を代表する貝

ゆでると足の先の部分が薄紅に染まる。見た目にも美しく、すし飯の上にのせて形がいい。甘みも増すようで、すし飯とのなじみもいい。

見た目は決してよくないが、生にしかない風味と、ほどよい甘みがあり、独特の食感がすし飯と合わさって心地よい。

おさかなデータ
マルスダレガイ目バカガイ科
茨城県鹿島灘以北、日本海北部以北に生息
旬：冬と産卵期の夏を除く、秋から春
呼び名：丸みを帯びているので「ドンブリガイ」
食データ：福島県では混ぜご飯、炊き込みご飯も有名。子供達はカレーがおいしいという

古くから北国では貴重な味覚だった

東北・北海道の浅い砂地に生息している。貝殻の長さが十センチを超え、丸く重いので砲丸投げの球のよう。貝殻の表面を覆う皮は、大型になるほど真っ黒くなる。北海道が漁獲量の日本一で、室蘭にある「母恋(ぼこい)」という地名は、アイヌ語で「ホッキガイがたくさん獲れるところ」という意味。大きく貝殻が黒いほど値段が高い。逆に薄茶色で小さいものは非常に安くなる。北海道苫小牧産が有名で、この地のものは大きくて真っ黒。すし職人に人気がある。

生で握るか、ゆでて握るか 味はともかく生は貴重

すしダネになるのは足の部分。むき身にし、三角形の足の部分を開く。ゆでると美しい赤に。赤みが強いほど上ものとなる。また、くすんだ紫の身で見た目は悪いが、生のうまさは別格という職人も。生とゆでたもの、両方の味わいを楽しんで欲しい。

ナガウバガイ

北寄貝（ほっきがい）

正しくはカナダホッキ？ 握りにサラダに大活躍

見た目がとてもきれいで、ほどほどに貝らしい風味と甘みがある。国産の活けと比べないならすしダネとして優秀である。

サラダの軍艦巻き。刻んだ本種とマヨネーズを和え、濃厚でプチプチするカラフトシシャモの卵を加えたもの。ベースとなったマヨネーズの味わいがマイルドで、ほの甘く、お安いのにゴージャスな味わい。すし飯との相性も抜群にいい。

おさかなデータ

マルスダレガイ目バカガイ科
国内では千葉県銚子以北に生息。ベーリング海、アラスカ、カナダからアメリカの東海岸に生息
旬：冷凍なので年間を通して
呼び名：「カナダホッキ」。
英名は：「Surf-clam」
食データ：「ホッキサラダ」は軍艦巻きだけじゃなく、一般家庭にも登場。空前のヒット作

北アメリカを代表する大型の食用貝 国内でも獲れるが非常に少ない

三陸などでも揚がるが、カナダや北アメリカ産が主流。砂地に生息する大型の二枚貝で、ホッキガイ（ウバガイ属ウバガイ）とは属が異なるナガウバガイ属。主にむき身で輸入され、これを加工したものが流通する。すしダネを始め、海鮮サラダ、また混ぜご飯などにも使われ、単にホッキというと外食では本種であることの方が多い。

赤みが強くてきれいなので回転ずしではスター級

回転ずしなどで、赤みの強い握りを見たら間違いなく本種。「北寄貝ってこんなに安いの？」と何度も聞かれたことがあるが、その正体はカナダなどからの輸入ものというわけだ。基本的にゆでてたものが冷凍流通しているので、国産ものと比べ味はイマイチだが、そこを補うのがすし業界の創意工夫。本種にマヨネーズを合わせた「サラダ」は加工すしダネの特大ホームランに。

貝

アゲマキ

揚巻
干潟の減少、乱開発で国内産はほとんどない

ゆでて、甘辛いたれに漬け込んだもの。ツメを塗るのが基本形。柔らかく、足やヒモだけではなくワタの味も絶品。貝らしい甘さにすし飯の酸味と甘みが格別。

おさかなデータ

マルスダレガイ目ナタマメガイ科
瀬戸内海から九州に生息
旬：春から夏
呼び名：形から「カミソリガイ」「ヘイタイガイ」「タチガイ」
食データ：岡山名物に「ばらずし」がある。別名「祭りずし」。たくさんの具をのせることで有名だが、このすしにはなくてはならない具

国内産は今や瀕死の状態
ほとんどが韓国産

瀬戸内海や有明海などの干潟に生息。本来、西日本を代表する食用貝だったが、流通の発達から全国的に。今では、国内産はほとんど消滅状態になり、韓国などからの輸入ものが頼りとなっている。内湾の干潟がまだ豊かだった頃には安くておいしい貝だったと思われるので、まことに残念。放棄した農地が無数にあるのに、干拓など自然破壊が未だに進行中であることを思い出させてくれる貝でもある。

ゆでるか煮るか、
ハマグリに負けない味

ベテランすし職人に、すしダネの話を聞くと時々出てくるのが本種。ハマグリと同様に味がよく、仕込みが簡単なのがよいという。泥を含んでいることが多いので、むき身にしてよく洗い、甘辛く漬け込んで握る。熱を通してもあまり硬くならず、まことに美味。煮た貝の味が堪能できる。

大馬刀貝 (おおまてがい)

オオマテガイ

瀬戸内海に多く、特に山口県産が有名

軽くゆでた足を開いて握ったもの。ツメがとても合う。身に甘みがあり、後味が上品。ほどよい硬さですし飯とのなじみもいい。

水管の部分を2本束ねて海苔帯で止めたもの。心地よい食感と甘みがあって、しかも貝特有のくせがない。

おさかなデータ

マルスダレガイ目マテガイ科
房総半島から九州に生息
旬：春
呼び名：魚河岸では単に「マテガイ」。「カミソリガイ」「コクラマテ」とも
食データ：砂をよく吐かせてから、強火で貝殻ごと焼くのが最上の食べ方。焼いたときの香りだけでもごちそうだ！

干潟に生息するマテガイは魚河岸には少なく、本種が主流

浅場に多く潮干狩場などで獲れるマテガイに対し、本種は沖合にいる「ずんぐりと太ったマテガイ」といった風情。山口県では潜水漁で獲っている。魚河岸に来るマテガイ科は、本種、マテガイ、アカマテガイ、エゾマテガイの四種。なかでも群を抜いて本種が多いため、近年では魚河岸で「マテガイ」というと本種か、縁もゆかりもない韓国産のアゲマキが出てくる。

ほとんどが山口県産 味のよさを考えると安い

魚河岸には山口県から生きた状態で入荷してくる。大型で見た目がいいので、やや高値をつける。すしダネとしてはまだまだ一般的ではないが、徐々に使われるようになってきている。生では使わず、基本的にゆでるか、ゆでてタレに漬け込む。すしダネとして利用するのは、細長い身体の先にある足と反対側にある水管の部分。

貝

マガキ

牡蠣(かき)

今や世界中で養殖されている日本のカキ

あっさりと薄味に煮てつけたもの。濃厚なうま味と、苦みと甘み、滋味豊かな味わいに、すし飯の酸味が合体する。お好みのすしに加えたくなること必至だろう。

生を軍艦巻きにして柑橘類をしぼったもの。しょうゆなどは不要。あえていうと、薬味もないほうがいいと思う。すし飯がカキの味に好相性なのがいい。

おさかなデータ

カキ目イタボガキ科
日本全域に生息
旬：秋から春
呼び名：形から「ナガガキ」「ヒラガキ」
食データ：生食用と加熱用の違いは、体内の細菌を無菌状態の海水で取り除く作業をしているかどうか。これらの作業をされていない加熱用は、鍋物やフライなどに

養殖が始まったのは江戸時代 いやいや、もっと昔？

日本中の浅場に生息。江戸時代に作られた俳句の手引き書『毛吹草』に恋仲の男女のことを「岩に牡蠣」とあるが、実は岩場ではなく、本来干潟を好む生き物だという。流通するほとんどが養殖もの。養殖の始まりは広島県で、江戸時代初期とも室町時代ともいわれている。現在でも生産量日本一は広島県。養殖に使う稚貝の生産量日本一は宮城県である。世界中に稚貝が送られ、世界中で愛されている。

マイナーだが熱狂的なファンを持つ

生がいちばんうまい。ただし残念なことに水分が多いので、作ったら寸暇を置かずに食べないと大変なことに。一般的には酒、しょうゆなどで煮たものを使う。江戸前の伝統的なものではなく、産地などで使われ始めたすしダネ。これが徐々に全国的なものとなってきている。

ヒメシャコガイ

姫硨磲貝（ひめしゃこがい）

沖縄では養殖されている美味な貝

やや硬いので、すし飯とのなじみは悪いが、磯の風味と噛めば噛むほどしみ出してくる強いうま味があり、インパクトのある握りとなる。

おさかなデータ

マルスダレガイ目シャコガイ科
琉球列島以南に生息
旬：年間を通して
呼び名：沖縄本島で「アジケー」「ニーグ」。八重山で「ギーラ」
食データ：沖縄で戦後に生まれた郷土料理「バター焼き」でご飯がうまい

熱帯の貝としてはエース級

シャコガイの仲間には、二メートルを超す「オオシャコガイ」から、二十センチに満たない本種まで多くの種類があるが、国内で食用とされるのは主に本種のほか「ヒレシャコ」や「シラナミガイ」など種類は少なく、前記の「オオシャコガイ」は絶滅危惧種である。二枚貝は主に海水中の有機質をエサとしているが、シャコガイ類は体内に単細胞藻を持ち、光合成で作り出されるタンパク質を取り込んで生きている。
本種は、沖縄では重要な食用貝で養殖も行われ、刺身のうまさには定評がある。

二枚貝なのに巻き貝のような味がする

沖縄では貝殻つきの活けものと、むき身が流通している。生で使うのが一般的で、すしダネとなるのはヒモと貝柱。二枚貝にしてはやや硬く、強い磯の風味がある。だまって出されると、巻き貝に思えそうだ。

貝

マダカアワビ
眼高鮑(まだかあわび)

今や食べ物とは思えないほど高額

超高

酒蒸しにして、じっくり蒸し汁と一緒に寝かせたもの。ふっくらとボリュームがあり、その見た目通りに甘みもうま味も、アワビらしい風味も豊か。すし飯となじみやすい柔らかさもいい。

おさかなデータ
古腹足目ミミガイ科
房総半島、日本海西部以南に生息
旬：春から秋
呼び名：「ま」もしくは「め」はアワビが呼吸する貝殻についた煙突状の穴のこと。これが高いので「メ(マ)ダカアワビ」
食データ：生で食べるより、煮たり蒸したりする方がうまい

なんといっても房総半島大原産

暖かい海域の比較的深い岩場にはりついている。アワビ類ではもっとも大きく、貝殻の大きさ三十センチ弱、重さ一キロを遙かに超す。年々減少傾向にあり、近年もっとも入手困難な魚介類のひとつ。関東の市場でも築地市場では希(まれ)に見かけるものの、あまりの高値にとても手が出せない状態に。なかでも最上級品とされるのが千葉県外房大原で獲れるもの。

生では平凡な味わい蒸すか煮るかがうまい

魚河岸でアワビのことを「生貝」という。たぶんこれはコリコリとした食感を楽しむクロアワビを代表的なものと考えたためだろう。しかし、すしダネの主役は生では食べない本種。基本的に少量の水と酒でじっくり蒸し煮にし、味をなじませて使う。すしダネの中でもっとも高価で、またすし飯と合わさり、非常にうまい握りとなる。

エゾアワビ

蝦夷鮑(えぞあわび)

国内だけではなく世界中で養殖されている

本来生で握るのを、酒蒸しにすると柔らかく、甘みが増す。すし飯の酸味との相性がよく、握りとしての完成度が高い。

生に蒸した「つのわた(うろ)」を乗せたもの。少々不格好だが豪華絢爛な味わい。つのわたの濃厚なうま味がすし飯とのなじみをよくしてくれる。

おさかなデータ

古腹足目ミミガイ科
茨城県以北本州太平洋側、北海道日本海側、日本各地に生息
旬：春から夏
呼び名：アイヌ語で「アイベ」
食データ：最近スーパーなどでも見かけるように。たまには贅沢にムニエルはいかが？ 塩胡椒、小麦粉をつけてバターでソテーするだけ

アワビの値段は景気を映し出す鏡

寒冷な海域にいるクロアワビの亜種。貝殻の表面がクロアワビよりもゴツゴツし、楕円形をしている。以前は単にアワビといえばクロアワビのことだったが、すしダネではマダカアワビ、そして養殖により手軽な値段で買えるようになった本種がアワビ全体の主流になっている。

成長が早く、病気にも強いので日本各地の海だけではなく、陸上でも養殖が行われている。韓国、中国でも養殖が盛んで、ハワイからも養殖ものが入荷してくる。

とうとう回転ずしにも本物のアワビが登場

回転ずしでアワビといえば偽物が相場だったが、今や皿の色をかえて本物が回っている。その多くが輸入ものと本種。蒸しても生でも、また煮貝もすしダネとして一級品。クロアワビの影を薄くしている。濃厚なワタを一緒に握るとうまさが二倍に。

貝

クロアワビ

黒鮑（くろあわび）

アワビといったら本種のことだった

やや硬いので、すし飯となじませるため、薄く切り、トントンと隠し包丁を入れている。口に入れた途端に磯の香りがして甘い。味の強いすしダネ。

単にアワビといえば本種だった

国内に広く分布する、やや大型のアワビ。生で食べるとアワビ類でもっとも味がよいとされ、すしダネとしても生のまま切りつけることが多い。各地で増殖が試みられているが、年々減少傾向にあり、不況下にあっても高級すしダネとして人気が高い。

おさかなデータ
古腹足目ミミガイ科
日本海、茨城県以南から九州に生息
旬：夏
呼び名：メガイアワビに対して「雄貝（オガイ）」
食データ：メガイアワビを雌とすると、本種は雄貝。市場では生貝。生が最高

メガイアワビ

雌貝鮑（めがいあわび）

生よりも煮て美味に

酒蒸しにして柔らかく、磯の香りが高く、じわりと甘い。すし飯との相性もよく、アワビの握りの定番。

古くはクロアワビと比べて二級品だった

暖かい海域の岩場などに生息。貝殻が丸く、見た目が弱々しく感じるせいか、昔は雌だと思われていた。流通するすべてが天然ものので、柔らかく食感がイマイチなので刺身などにすると二級品だが、煮貝にすると一級品。酒蒸しはすしダネとして人気が高い。

おさかなデータ
古腹足目ミミガイ科
千葉県、秋田県以南に生息
旬：夏
呼び名：クロアワビが雄で、本種が雌貝（メガイ）と思われていた
食データ：じっくりしょうゆなどで煮てうまい

トコブシ

床伏(とこぶし)

国内では減少傾向。今やほとんどが台湾産

塩と酒と少量の水で蒸し煮にしたもの。アワビよりも短時間で柔らかくなる。味わいは濃厚になり、すし飯の味と出合ってよりインパクトの強い1かんに。

おさかなデータ

古腹足目ミミガイ科
北海道南部から九州に生息
旬：春から初夏
呼び名：千年たっても大きくならないので「センネンガイ」。「ナガレコ」「ナガラメ」とも
食データ：三重県紀伊長島では、魚醤の汁を使ってしゃぶしゃぶで食べさせる。ほんの数秒、汁の中でゆらゆらさせるだけで、ふんわりと口の中で溶ける。トコブシの食べ方ではこれが随一

古くは安い貝だったが今や国産はアワビよりも高価

クロアワビの半分ほどの大きさ。磯が豊かだった頃、春の「磯遊び」で取って遊ぶ格好の獲物だった。そのせいか、西日本には春のひな祭りの時期に本種を煮て食べる習慣が残っている。磯からアワビが消え、サザエなども減ったときに、本種も乱獲のせいか徐々に姿を消してしまった。

その激減した国内産を補っているのが台湾で養殖されたもの。国内産は少ない。

小さいけど、蒸したり煮たりするとアワビに負けない味

アワビと比べると半分くらいの大きさ。一般的に生で食べることはなく、煮たり、蒸したり。熱を通すと「アワビよりも味は上」というすし職人も多い。台湾産などの養殖ものもあるが、国産のトコブシで大ぶりなものの方がうまい。関東ではアワビが好まれるが、産地などでは盛んにすしダネに。原則一つで一かんの握りとなる。

貝

アカネアワビ

茜鮑（あかねあわび）

伝統的な煮貝などになる

活けを酒蒸しにしたもの。甘みが上品でうま味がたっぷり。ほどよい柔らかさですし飯とのなじみもいい。

日本各地のお土産などに頻繁に登場

北アメリカにいるアワビだが、最近ではチリなどで盛んに養殖され、輸入が増えている。アワビにしては柔らかく生で食べると食感が悪い。むしろ煮貝にして美味。最近では加工品の「煮貝」のほとんどがこれ。当然すしダネにしてもいける味である。

おさかなデータ
古腹足目ミミガイ科
北アメリカ西海岸に生息
旬：養殖もので年間を通して
呼び名：単に「アワビ」
食データ：山梨県甲州名物「煮貝」。古くは太平洋からの山越えでしょうゆに漬け込んだもの。今や輸入ものが主体に

グリーンリップ

鮑（あわび）

旬が逆なので価値がある

小ぶりで一見エゾアワビに似ているが若干柔らかい。磯の香りがほどよく、生ならではの味わいがある。

今では新顔アワビとして登場している

二十センチを超える南半球のアワビ。水産業が盛んなオーストラリアで養殖され、国内にもたくさん輸入されている。多種との掛け合わせ研究も盛んで、小ぶりのうちに出荷される。食感がよく磯の香りも豊かで、なかなかの味わい。生で握って美味。

おさかなデータ
古腹足目ミミガイ科
オーストラリア南岸一帯に生息
旬：冬
呼び名：一大掛け合わせ種があって、種名ではなく商品名の「Jade tiger」ということも
食データ：輸入ものだけど、非常に味がいい

アカアワビ

入荷が不安定なのが残念

赤鮑
あかあわび

酒蒸しにしたもの。柔らかくて、アワビらしい味が楽しめる。

年間を通して需要過多を補うオーストラリア産

南半球の太平洋岸にいる貝殻の赤いアワビ。裏返すと足（身）が真っ黒なのが特徴。国産のクロアワビなどと比べると少々身が柔らかいが、非常に美味。生でも煮てもすしダネになる。生きた国産ものが手に入らない時期の救世主ともいえそう。決して安くはない。

おさかなデータ
古腹足目ミミガイ科
西南太平洋に生息
旬：冬
呼び名：特になし
食データ：比較的アワビのなかでは手頃なので、網にのせて焼く。熱いので、火の上で身体をよじらせて踊る。これを「地獄焼き」という

アワビモドキ

チリアワビとも呼ばれていた

ロコガイ

冷凍を戻して握りに。まずくはないがアワビとはまったく別物。むしろサザエに近いかな？

チリアワビと呼ばれていた頃が全盛期

南アメリカ大陸に生息するアワビとは縁もゆかりもない巻き貝。見た目がアワビのようなので"もどき"がついた。回転ずしの草創期には「アワビ」で出され、それが「チリアワビ」になり「ロコガイ」になり今や見る影もない。やはり味的にアワビじゃないのが原因か。

おさかなデータ
新腹足目アッキガイ科
チリからペルーに生息
旬：冷凍輸入なのでなし
呼び名：昔は「アワビ」で回っていた
食データ：おせち料理にも登場する、いろどりのひとつ

貝

エゾボラ・エゾボラモドキ

真螺(まつぶ)

最近では巻き貝ネタのスターだ

コリコリという心地よい食感、ほどよい甘み。適度に柔らかく、すし飯となじんで、またうま味が浮き立ってくる。後味のよさも特筆すべき。

エゾボラモドキ(左)、エゾボラ(右)
エゾボラは成長するに従い、この部分の貝殻が盛り上がり、割れる。

一般的には生で食するものだが、実は煮ると非常に美味。あまり硬くならず、すし飯とのなじみもよい。アワビにはないよさがある。

おさかなデータ

新腹足目エゾバイ科
エゾボラ／北海道以北に生息
エゾボラモドキ／茨城県、京都府以北に生息
旬：春から初冬
呼び名：市場で「Aツブ」といっても通じる
食データ：唾液腺という毒が足の真ん中あたりにあるので取り除くこと。これを食べると酒に酔ったようになる

エゾボラとエゾボラモドキは毒の除去が必要なツブ

「真螺」は、エゾボラとエゾボラモドキの2種。エゾボラは「Aツブ」、エゾボラモドキは「Bツブ」と区別されることもある。冷たい海に生息するエゾバイ科の巻き貝で、これらエゾボラ属は一般に「ツブ」と呼ばれ、テトラミンという毒を持つ。ツブの中で高価なのがエゾボラ、次いでエゾボラモドキ。主な産地は北海道。古くは産地限定の味覚だったが、近年ではもっとも魚河岸で見かける機会の多い巻き貝。

北海道以南では新しいすしダネ 持ち味はなんといっても食感のよさ

北海道、東北を代表するすしダネ。ただし関東などでは、すし飯とのなじみの悪さから、賛否両論。好んで使う職人と、使わない職人がくっきり分かれる。数あるツブのなかでも「真螺」二種は身(足)の部分がクリーム色で見た目がよく、甘みの強さから、上ネタのひとつとされている。

※P178〜179の貝にはテトラミンという毒があります。詳しくはP181を参照してください。

アツエゾボラ

厚蝦夷法螺(あつえぞぼら)

たくさん獲れるので値段が手頃

微かに黄色みがあるが、気になるほどではない。貝らしい風味と味、食感がよくて、うまくて安い握りだ。

味はいいけど貝殻が硬く身の色が黄色いのが難点

主に北海道で漁獲する中型の巻き貝。標準和名通りに貝殻が厚く、重いために歩留まりが悪く、割高感がある。エゾボラの「Aツブ」に対して「Bツブ」と呼ばれることもある。ただし味は決してエゾボラに負けない。すしダネとしても甘みが強く優秀だ。

おさかなデータ
新腹足目エゾバイ科
千葉県以北に生息
旬：春から初冬
呼び名：「Bツブ」
食データ：身を取り出して、酒と塩で蒸し煮にしても美味

クリイロエゾボラ

栗色蝦夷法螺(くりいろえぞぼら)

いろんなツブと一緒になって入荷

ツブらしいツブで、甘みが強く心地よい食感がある。色合いも悪くないので真ツブの握りと間違えそう。

ツブの種類は多くてしかも見分けがつかない

主に北海道東などだから他のツブに混ざって入荷。ツブの仲間はウネエゾボラ、カラフトエゾボラなど非常に種類が多い。なかでも目立つのが本種。貝殻の色が茶褐色で見分けやすい。身の色もよく、すしダネとしては「Bツブ」の中でも優れもの。

おさかなデータ
新腹足目エゾバイ科
東北以北に生息
旬：春から初冬
呼び名：「Bツブ」
食データ：北海道名物「焼きツブ」にもなる

エッチュウバイ

白バイ
しろばい
日本海を代表するすしダネ

島根県大田のバイカゴ漁で水揚げ後、すぐにむき身にしたものを握りに。生ならではの味わいに強い甘み、食感。すし飯とのなじみも非常にいいので見事な握りに。

おさかなデータ
新腹足目エゾバイ科
能登半島以西に生息
旬：秋から春だが、一年を通して味は安定している
呼び名：関東では「白バイ」。鳥取県では「シロニシ」
食データ：大きいものはお刺身用、小さいものは煮て食べるのが一般的。特にお節料理や会席料理などに必ず入っているのが本種の煮たもの。爪楊枝でくるくるっと取り出して食べる

最高級品は隠岐諸島周辺で獲れた大型のもの

日本海の能登半島以西で獲れる。貝殻が柔らかく、テトラミンという毒は持っていない。漁法は、カゴにエサを入れておびき寄せて獲る。煮て食べる関東などでは小さいものの方が高く、生を好む山陰などでは大型のものが高い。

代表的な産地は山口県、島根県、鳥取県など。なかでも隠岐諸島のものが大型で刺身として食べるには良質とされている。

「真螺」とは真逆で甘みが強く、柔らかい

巻き貝特有の生臭みのある粘液があるので、まずは塩もみをして取り去る。すしダネとしては、このまま生で、もしくは酒蒸しにしたものを使う。産地である日本海を代表するすしダネ。ツブとは違い、生で柔らかく、甘みが強い。関東などでは、あまりネタケースに並ばないのが不思議に思えるほど味がいい。

180

アニワバイ・オサガワバイ

蛽（ばい）

国産よりロシア産が主流に

おさかなデータ
新腹足目エゾバイ科
オホーツク海に生息
旬：年間を通して
呼び名：一般的には「ツブ」
食データ：スーパーにも登場する輸入バイ。手軽な値段なので、サラダや和え物などにも

回転ずしなどに使われるので、やや薄いのが難点。厚みは加工時に決められる。コリコリとした食感がほどよく、貝らしいうま味もある。すし飯とのなじみも非常によく、人気の握りである。

回転ずしなどに登場する「ツブ」の正体とは？

国内でも獲れるが少なく、ほとんどがロシアからの輸入。市場には、すでにすしダネとして加工されたものが出回る。分類的には「バイ」とすべきなのになぜか「ツブ」と表示されている。回転ずし、スーパー、持ち帰りずしの「ツブ」はほとんどすべてが本種。

エゾバイ科 エゾバイ属
テトラミンを持たない。
エッチュウバイ、オオエッチュウバイ、アニワバイ、オサガワバイなど

エゾバイ科エゾボラ属
テトラミンを持つ。
エゾボラ、エゾボラモドキ、クリイロエゾボラ、アツエゾボラ

バイとツブの基本知識 知っていると怖くないツブ毒の話

エゾバイ科の食用巻貝の主なものにエゾバイ属とエゾボラ属がある。ともに生でも煮ても焼いてもうまいが、大きな違いは「テトラミン」というあまり強くない毒を持つかどうか。食べると酔っ払ったようになり、戦争中お酒に欠乏したとき、漁師さんが酒代わりに食べたともいわれている。このような例はともかく子供が食べたり、身体の弱った人が食べる可能性を考えると区別ははっきりすべき。「バイ」と「ツブ」を混同してはいけない。

エゾボラを貝殻から取り出したところ。内臓は煮たり、酒蒸しにしたりして食べる。足（刺身やすしダネにする）の中にテトラミンを含む唾液腺がある。

内臓 / 足

足を開いたところ。このクリーム色の部分が唾液腺でテトラミンを含む。

貝

サザエ

栄螺(さざえ)

もっとも知名度があり、まだまだ国産が健在

口に入れた途端、鼻腔に磯の香りが抜ける。そして生の貝ならではの風味に、甘みがたっぷり。すし飯とのなじみの悪さよりも、すしダネのうまさが勝つ。

島根県産の棘のないタイプ。

三浦半島産の棘のあるタイプ。

おさかなデータ

古腹足目サザエ科
小笠原、琉球列島をのぞく、北海道南部以南に生息
旬:年間を通じてあるが、春に美味
呼び名:内臓が苦いので「ニガノコ」。「ツボッカイ」「サザイ」とも
食データ:ヒメサザエはサザエの小さいもの。生や壺焼きには大を、ヒメサザエは煮て食べる

国内でもたっぷり獲れているのに偽物がいっぱい出現するほど人気者

磯に普通に見られる巻き貝。俳句では春の季語なので、古くから「巻き貝の代表」といった存在だったようだ。陶器を思わせるようなフタがあるのが最大の特徴。場所によっては棘の長いタイプと棘のないタイプがあり、波の荒い場所にいるものは棘があり、静かな海のものはないとか、天敵の有無などの説があるが、理由は未だに謎。

全国に産地はたくさんあるが、島の多い長崎県が漁獲量日本一で、山陰などが続く。

サザエを使うか使わないか賛否両論?

すしダネには生で使うのが一般的。こりこりとした食感が持ち味だが、反面すし飯とのなじみが悪い。「すし飯とすしダネを別々に食べているようだ」というすし職人もいるが、そんな問題点を吹き飛ばすほどに味が強く、磯の香りが立つ。非常にインパクトの強いすしダネである。

ヤコウガイ

夜光貝

食用以外に、工芸品やアクセサリーにも使われる

口に入れた途端磯の香りが広がる。切りつけたすしダネから濃厚なうま味が感じられて、非常にインパクトが強いが、残念なことにすし飯とのなじみが悪い。貝の味が主役の握りだ。

おさかなデータ

古腹足目サザエ科
種子島以南に生息
旬：年間を通して
呼び名：夜光貝ではなく屋久島にいる貝で「ヤクガイ」とも
食データ：観光地では生きている食用の本種よりも、貝殻だけを買う方が高い。なぜなんだ？

古代より貝殻が高価に取引されていた

熱帯にいる非常に大型の巻き貝。古くは食用としてではなく、貝殻が工芸用に非常に高価だった。和名の「夜光」は、貝殻を磨くと暗がりに光を放つほど美しいという意味合いを持つ。奈良の東大寺正倉院の宝物として本種の貝殻を使ったボタンが納められている。当時の工芸品や飾り物には重要な材料のひとつだったのだ。

食用としては、主に熱帯域で利用されている。全国的に流通することは少なく、関東では希に入荷するのみ。

サザエに似て
サザエよりも高い磯の香り

二キロ以上にもなる大型の貝だが、食べられる部分は非常に小さく、身をとり出すなりビックリしそう。がっかりしないで、貝殻がオマケだと思えばいいのかも。磯の香りが高く、うま味が非常に強い。握りとしての完成度は悪いが、味で勝負。

甘海老（あまえび）

ホッコクアカエビ / ホンホッコクアカエビ

味も値段も、日本海の生と輸入ものでは大違い

国産生 **高**　冷輸入 **安**

北海道増毛産の雌の握り。上にのせたのは外子。ねっとりと甘く、すし飯と合わさってとろりとしている。ここに外子のプチッとした食感が味に変化をつける。

安

甘エビを揚げるという、驚きの発想がすごい。フライもあるがここでは天ぷらを紹介する。甘みが強く揚げた香ばしさも楽しめる。

グリーンランド産
ホンホッコクアカエビ

北海道増毛産
ホッコクアカエビ

おさかなデータ

十脚目タラバエビ科
日本海、北海道以北に生息
旬：年間を通して
呼び名：赤唐辛子に似ていることから、その別名の南蛮、胡椒がついて「ナンバンエビ」「コショウエビ」
食データ：一般的に生で食べるのだが、産地ではみそ汁がうまいという

雄から雌に性転換するので大型はすべて雌

太平洋に生息するホッコクアカエビと、大西洋のホンホッコクアカエビの二種が「甘海老」の代表的なもの。生の状態で赤い殻が柔らかな体長十センチほどのエビ。深海性で、生まれたばかりは雄、大きくなると雌に性転換する。産卵は二年に一度、産卵後、卵を腹に抱き、保護する。国内では北海道西岸の増毛、古くからの産地、新潟県などが有名。輸入ものはロシアやカナダ、グリーンランドから。

エビの中ではまだまだ新参者
古くは地域限定のすしダネだった

「甘海老」が有名になったのは八十年代。それまでは産地限定のなすしダネであったが、大西洋、ロシアなどから冷凍輸入され価格が急落すると、回転ずしなどで人気急上昇。生のうまさは言うまでもないが、輸入ものは生だけではなく、揚げ物やサラダなどになり、すしの多彩性が生まれている。

ジンケンエビ

甘海老(あまえび)

深海生物の宝庫・駿河湾の甘エビ

口に入れるとトロッと甘く柔らかい。小さいので握るのが大変であるが、この甘みとこくがすし飯に合う。

駿河湾で「甘海老」といえば本種のこと

「甘海老」と呼ばれるのはホッコクアカエビ以外にもある。駿河湾は深海性の魚介類の宝庫。数々の深海魚、そしてエビが底引き網で水揚げされる。そのどれもが美味。なかでも地元っ子が「甘海老」と呼ぶ本種は、天ぷらやすしダネにと観光客にも人気。

おさかなデータ
十脚目タラバエビ科
駿河湾から鹿児島県に生息
旬：秋から春
呼び名：「甘エビ」は静岡での呼び名
食データ：干しエビが絶品。そのまま食べても香ばしく、素麺などのだしに使ってもいい

ヒメアマエビ

姫甘海老(ひめあまえび)

和名が付いたのは二〇〇九年

小さいので軍艦巻きにする。とにかく甘く、プリッと心地よい食感がある。軍艦巻きにもってこいのネタ。

錦江湾の漁師達が大好きな隠れた美味

十センチ足らずの深海のエビ。鹿児島市の錦江湾で「とんとこ漁」という底引き網で獲っている。小さいエビで漁獲量も少ないため知名度が低かったが、和名がついたことで注目を浴びている。生で食べて甘く、ほどよい食感もあるのですしダネとして、とても優秀。

おさかなデータ
十脚目タラバエビ科
駿河湾以南に生息
旬：年間を通して味が変わらない
呼び名：「シバエビ」「シタエビ」
食データ：鹿児島錦江湾周辺ではつけ揚げ（薩摩揚げ）が有名

エビ・カニ

トヤマエビ

牡丹海老(ぼたんえび)

富山県ではあまり獲れない牡丹のように美しいエビ

やや大型の卵を抱いた雌の握り。甘みが強く、ほどよい食感もある。外子はプチプチとして、別種の味わいで1かんの握りで多彩な味わいがある。握りを堪能した後には、頭部のみそをすすると1尾丸ごとの味を楽しむことになる。

頭部を見ると種類がわかる。
頭部には白い斑紋が散らばる。

おさかなデータ

十脚目タラバエビ科
島根県以北の日本海、北海道に生息
旬：年間を通して美味
呼び名：「オオエビ」「トラエビ」
食データ：生で食べるのが一般的だが、焼くと別種の味がある

北海道ではもっとも大型になるエビ

寒冷な海域のやや深海に生息。二十センチを超える、タラバエビ科では大型のエビ。和名は富山湾の個体が由来だが、当地ではあまり獲れない。一般的な呼び名「牡丹海老」とは、北海道の噴火湾などでの呼び名。大型で華やかなのがボタンの花を思わせるためだ。代表的な産地は北海道の日本海側と噴火湾。生命力が強いので関東には生きたまま入荷してくることもしばしば。少ないながら「活け」で来ることもある。

すしダネの「牡丹海老」は基本的に本種のこと

国産の生とロシアやアラスカ、カナダなどからの冷凍輸入ものがある。冷凍ものも高く、当然、国産の生は非常に高価だ。すし飯の上にのせて美しい上に、身の透明感が長続きする。生で食べるエビの中でももっとも優れたもののひとつ。残念なのはやはり高すぎることだろう。

186

ボタンエビ

牡丹海老（ぼたんえび）

日本海のトヤマエビと比べて量が不安定

食感がよく、たっぷりと甘みを含み、口に入れた途端に濃厚な味わいが口中を満たす。すし飯の甘さに、エビの甘さが合わさって別格のうまさになる。

頭部を見ると種類がわかる。
頭部には目立った斑紋がない。

おさかなデータ

十脚目タラバエビ科
北海道噴火湾から土佐湾の太平洋側に生息。生息域が狭く、日本海にはいない
旬：年間を通して
呼び名：特になし
食データ：駿河湾の漁師は、大きさの揃わないものを、みそ汁にする。船上で食すみそ汁は格別。焼いてもとてもうまい

太平洋の「牡丹海老」一時は魚河岸から姿を消していた

こちらは太平洋の牡丹海老。水深三百メートル以上の深場に生息。主な産地は駿河湾や千葉県、茨城県など。豊漁、不漁の年があり、水揚げが安定しない。一時はほとんど獲れなくなって、魚河岸のプロ達にも忘れ去られたことも。標準和名も流通上もボタンエビ。魚河岸では「本ボタンエビ」という人も多い。主に日本海に多いトヤマエビに対して、太平洋にだけいるので「太平洋ボタン」としてもよさそう。

国産のボタンエビとしては赤くないので準主役級だ

すしダネの「牡丹海老」の主役はトヤマエビ、本種は準主役級だろう。漁が不安定で獲れる量が少ないので、日本海のトヤマエビの代わりにすし店に納めたら、「間違いだろう」と返されたと話す仲卸もいる。色合いは黄色みが強くオレンジ色。華やかさには欠けるが、値段も味も特上級だ。

エビ・カニ

スポットブラウン

牡丹海老(ぼたんえび)

輸入「牡丹海老」の最高峰に君臨する

冷凍ものなのに食感もあり、甘みが強い。エビらしいうま味もたっぷり感じられて、すし飯との相性も非常にいい。

頭部を見ると種類がわかる。頭部に白い筋が走る。

おさかなデータ
十脚目タラバエビ科
北アメリカ大陸西岸に生息
旬：年間を通して美味
呼び名：英語でSpot prawn。魚河岸では「スポットエビ」。
食データ：海辺の旅館で本種をしゃぶしゃぶにしていた。まねしてみると、本当にうまい。地物じゃなくてもいいかも

輸入ボタンエビではもっとも多く もっとも高い

本種も北太平洋北アメリカ大陸沖に生息する「牡丹海老」。寒冷な海域には珍しく、この水域では最大級のエビ。アメリカ、カナダなどから輸入されている。
国産とも近縁種で似ているため、頭部をじっくり見ないと見分けがつかない。高価なので罪悪感が薄いのか、日本各地で「地物」として登場している。なかにはビックリするほど高い旅館で「地物」として出ていたりするので、困ったものだ。

第三の「牡丹海老」 生で食べると国産よりも上?

輸入業者の方に獲れたばかりの生の味を聞くと、「国産よりも上でしょう」と言う。冷凍されたものではあるが、見た目が美しく、非常に甘みが強い。上手に解凍すると食感は国産のボタンエビ類と変わらない。輸入ボタンエビ類ではもっとも高価で大型が揃うので高級すしダネのひとつ。

アルゼンチンアカエビ

赤海老(あかえび)

クルマエビに近いが、昔は「牡丹海老」だった

生なのに赤みが強いのが特徴。プリッとした食感が心地よく、甘みもある。すし飯と一緒になり、後味が上品なのも特徴のひとつ。

生でも決して悪くはないが、軽くあぶるとひとつ上の味になる。エビの風味と甘み、そしてプリッとした甘み。「アカエビうまし」である。

おさかなデータ
十脚目クダヒゲエビ科
南米ブラジル南部からアルゼンチンの大西洋に生息
旬：年間を通して
呼び名：特になし
食データ：生で食べるだけではなく、天ぷら、フライ、パエリアなどに入れてもうまい

「牡丹海老」とは縁もゆかりもない南半球から来るエビ

南米大陸大西洋の沖合にいる体長二十七センチ前後になるエビ。生ですしダネになるタラバエビ科(トヤマエビ、ホッコクアカエビ)に対し、クルマエビの仲間のクダヒゲエビ科に属している。「エビ」とあるが、ボタンエビ類からすると遠い系統。南米では重要な食用エビで、味が良いので人気が高い。ちなみに国内にもクダヒゲエビ科は多く、各地で食用になっている。

「ボタンエビ」の代用品から脱却ちゃんとアカエビで出ています

数年前、流通する食料品などの名称や産地表示が厳しくなる前まではボタンエビだった。当時、回転ずしでも「牡丹海老」と言ったら本種のことで、味がよく、ボリュームがあるので人気者だったのだ。それが改名して「アルゼンチンアカエビ」、もしくは「アカエビ」となる。名前が変わっても人気を保っているのはさすがだ。

エビ・カニ

189

ヒゴロモエビ

葡萄海老（ぶどうえび）

獲れる量が少なすぎる太平洋の超高級エビ

生なのに赤みが強く、ほんのり紫色を帯びる。強い甘み、うま味が感じられ、食感も心地よく、すし飯となじんで後味がいい。見事な握りで、問題は値段だけ。

おさかなデータ
十脚目タラバエビ科
千葉県銚子以北から北海道までの太平洋に生息
旬：年間を通して美味
呼び名：標準和名は生きているときの色から「緋の衣」、死ぬとブドウ色になるため「ムラサキエビ」ともいう
食データ：非常に高価なので、素直に生で食べたい。殻をむいても赤みが強い

「甘海老」と「葡萄海老」の違いは卵の数

東北から北海道までの太平洋にいるエビ。千葉県銚子から北のカゴ漁、底曳網などで獲れる。三陸の港の競り場で膨大な魚介類が並んでも、本種は数匹しか見られないこともある。量が少ないのは、ブドウエビの仲間であるモロトゲアカエビ属が、あまりたくさん卵を産まないことが原因。主な産地は北海道道東、三陸など。

魚河岸でもブドウエビは破格の値段

産地では古くからのすしダネで、高級ではあるが定番的なものだったという。それが今では経済力のある東京築地市場の方が、産地よりも手に入る可能性が高い。一尾の仕入れ値が二千円以上するのも当たり前。一かんの握りの値段はとても想像できそうにない。魚河岸の若い衆が「一生に一度握りで食べてみたい」と言うのを聞いたことがあるが、同感である。

モロトゲアカエビ

縞海老（しまえび）

日本海三大高級生食エビでいちばん少ない

小ぶりな雄の握り。性転換して雄から雌になるのだが、雌になる前の小ぶりの味がいい。独特のプリッとした食感、ほどよい甘さ、すし飯と合わさった後味のよさ。極上の握りである。

おさかなデータ

十脚目タラバエビ科
島根県から北海道の日本海に生息
旬：秋から春
呼び名：鳥取県では「スジエビ」
食データ：主に生で流通する高級エビ。北海道日本海側などから関東まで生きて入荷してくるので、踊り食いを楽しむこともできる

冷凍するほど獲れない日本海の高級エビ

山陰から北海道までの日本海で揚がるもので、トヤマエビと比べるとやや小ぶり。日本海で揚がるタラバエビの仲間で代表的なものはホッコクアカエビ、トヤマエビと本種。これを日本海三大高級生食エビとしたい。「葡萄海老」のところでも述べたが、本種のモロトゲアカエビ属は産卵数が少なく、資源量が少ない。ちなみに北海道道東で獲れる北海シマエビとよく混同されるようだが、生での流通は本種のほうが多い。

殻をむいても縞模様 むき身ですしダネがわかる

北海道日本海側増毛などから航空便で入荷してくる。生命力が強く関東に来てもまだ生きていることがある。殻をむき、すしダネにしても宝石のように美しく、縞模様がくっきり残る。日本海三大高級生食エビの中でももっとも食感が強く、後味がさっぱりして爽やか。熱狂的なファンが多い。

エビ・カニ

191

クルマエビ

車海老（くるまえび）

江戸前握り誕生以来の高級すしダネ

活けを素早くむいて握った「踊り」。すし飯の上で動く様を踊りにたとえた。生ならではの味わいがあり、しかも上品でさらりとしている。

鍋の前に職人が立ち、加減を見ながらゆで、ほんのり温かい状態に握ったもの。強いエビの風味があり、口に入れるとプチッと噛み切れて、甘い。

おさかなデータ

十脚目クルマエビ科
北海道南部から九州に生息
旬：秋から冬
呼び名：小さいのを「サイマキ」、大きくなるに従い「マキ」「中マキ」、特大を「大クルマ」
食データ：エビフライの超高級品はクルマエビで作った。古くはクルマエビとイセエビがフライの材料だった

養殖が成功するまでは非常に高価だった

北海道から九州までの内湾にいる大型のエビ。江戸時代東京湾の漁獲物の中で高価なもののひとつだった。これを贅沢ではあるが庶民の手の届くようにしたのが養殖に着手した藤永元作。昭和三十年代には山口県秋穂の海で養殖を開始した。

現在流通されているものの多くが養殖もの。今では天然ものは貴重となっている。生産量日本一は沖縄県、次いで九州。

伝統的にはゆでて握る その鮮やかな赤が持ち味

クルマエビの仲間は基本的にゆでて握る。ゆでたときの赤の発色のよさが、価値の半分を占めるという職人さんもいる。生で使うようになったのは大阪でのこと。戦前の食通は、活けを握った通称「踊り」を食べに大阪まで通ったという記録が残る。生で握った方が、やはり値段的には上だが、味の点ではどちらにも軍配を上げかねる。

クマエビ

足赤海老(あしあかえび)

すべて天然。西日本で愛され輸入ものもある

踊りにゆでた頭を添えた。プリプリとした食感に生ならではの淡泊で上品な味。握りを食べて、頭のみそを食べるか、すしダネの上にみそをのせてもいい。

むしエビはクルマエビに負けないほどに赤い。食感はクルマエビ以上に強く、非常に甘みが強い。この甘みがすし飯とよくなじむ。

おさかなデータ

十脚目クルマエビ科
房総半島以南に生息
旬：秋から冬
呼び名：大分県で「キジエビ」、全体に黒いので「カラス」
食データ：瀬戸内海などで天ぷらを食べると、これが出てくる。中型で赤くてうまい

養殖はほとんど行われていない

日本だけではなく、太平洋、インド洋、南半球オーストラリア、地中海と、広く分布している。養殖ものは少なく、ほとんどが天然もの。国内では主に西日本で水揚げがあり、近畿から西の魚河岸で見かけるもの。ただし国産は漁獲量が少なく、味がいいのでなかなか高価なものとなっている。体長二十センチほどになる中型のエビ、大阪などでは高級な天ぷらになっている。

生きていると黒っぽいが蒸すと見事な赤に

国産は、近畿以西では生きた状態で普通に売られているのに、関東の魚市場ではほとんど見かけない。輸入ものはともかく、国産の上物は基本的に西日本のものといっていい。瀬戸内海など漁場が目と鼻の先なので、活けを生（踊り）で出す店も多い。当然、蒸したものも握られている。甘みが強く、見た目の美しさから、上ネタである。

エビ・カニ

ウシエビ

Black tiger
ブラックタイガー

すしはもとより、天ぷら・フライと大活躍

すし職人が蒸して握ったもの。ほろほろと柔らかく、甘い。色合いもよく、すし飯と出合って、またエビの味わいが生きる。

初めて食べたのは名古屋。最近、回転ずしなどにもあるフライ巻き。フライの香ばしさと、エビの甘さ。ランチになりそうなボリュームで、満足感十分。

おさかなデータ
十脚目クルマエビ科
東京湾以南に生息
旬：年間を通して
呼び名：中国では「大蝦」、台湾では「草蝦」
食データ：すしダネだけではなく、エビフライに、江戸前天ぷらに、おせち料理の煮エビに、などなど本種が主役

国内で獲れるクルマエビ類で最大

東京湾でも希に獲れる大型のエビ。和名に「牛」がつくのは「大きい」と同義語だ。国内産のクルマエビ類が少なくなり、東南アジア、台湾などから輸入されるように。この輸入量が爆発的に増えたのは、前ページで書いた藤永元作の技術が台湾などに移植され、八十年代に養殖技術の革命が起こり、本種の生産量が増えたため。

すしダネのエビのほとんどが本種

回転ずしでエビが食べられるのは、本種が安く台湾などから輸入されているため。輸入エビには、生産国から加工国に送られ、すしダネとして完成されたものと、丸のまま、もしくは頭だけ取り去り冷凍されたものとがある。味は、冷凍ものをすし職人が仕込んだものに軍配があがるが、完成品の方も年々技術が向上し、よくなっている。すし飯上のエビの大きさにも注目！

Vannamei バナメイ

バナメイ

技術の粋を集めて作り急速に増大する第二のエビ

赤みが弱いが、蒸してしっかりエビの香りがあり、甘みも感じられる。柔らかいのですし飯とのなじみもよい。

回転ずしの定番、エビマヨ。小ぶりのものを軍艦にしてマヨネーズを添えたもの、サラダになったものなど多彩。エビとマヨネーズ、すし飯の取り合わせが絶妙。

おさかなデータ
十脚目クルマエビ科
原産国は中南米に生息
旬：年間を通して
呼び名：「バンナムエビ」
食データ：最近、エビチリに使われる多くがこれ。冷凍でレトルトパックで、とやや高級

人工的に作り出された理想の養殖エビ

中南米原産のエビ。もともとエビ養殖の先進国である台湾がブラックタイガーの後継としてエクアドルで研究。またたく間に中南米をはじめ、東南アジアなどにも広がった。現在、養殖エビの主流となっているブラックタイガーは病気に弱く、同じ養殖池で連続して生産できないなどの問題点があったが、本種は病気に強く成長が早いなど生産コストも低く抑えられる。国内のスーパーでも見かけない日がない人気ぶり。ブラックタイガーに次ぐ第二の世界的なエビ。

徐々に回転ずしでの主役が交代している

安いすしダネエビというと、少し前ならブラックタイガーだったが、最近では徐々に本種が進出している。冷凍流通した生を蒸して握ることは少なく、すしダネに加工されたものが普通。赤みが弱いのが難点だが、味は平均点以上。巻き物や軍艦巻きにも。

イバラモエビ

鬼海老(おにえび)

ズワイガニ漁と産地が重なる怪獣のようなエビ

生で握って外子を乗せたもの。口に入れると甘みが強く、身はプリッとした食感がある。甘いだけではなく、生ならではのうま味がある。

おさかなデータ

十脚目モエビ科
島根県以北から北海道に生息
旬：秋から春
呼び名：北海道では「ゴジラエビ」、鳥取では「五月エビ」
食データ：底引き網などで獲るのだが、漁師はたき火で焼く。生もうまいが、このワイルドな食べ方がベストかも

全身棘(とげ)だらけなので怪獣のよう

日本海のズワイガニなどと同じ水深二百～三百メートルに生息している。専門の漁はなく、ズワイガニ漁などに混ざるものだが、近年では「漁の主役」に負けない人気に。その上、漁獲量が少ないので、「日本海の宝石」ともいわれている。国産が主だが、ロシアなどから冷凍輸入ものもある。

産地は島根県以北の日本海。年々価格が上がるので北海道の産地では名物「ゴジラエビ」が食べられないと嘆く声も聞かれる。

クルマエビと甘海老
両方のよさを併せ持つ棘だらけのエビ

生の状態で赤く、見た目が美しいのが特徴。クルマエビにはない生の状態での甘みと、甘海老にはないプリッとした食感がある。本来産地ネタだったが、東京築地市場などでも好んで並べる仲買があり、冷凍にも強く、関東などでも好んで使うすし職人が増えている。もちろん超高級ネタである。

イセビ

伊勢海老(いせえび)

古代、「エビ」という言語を生み出したエビ

生け簀から出して素早く下ろし握ったもの。透明感があって見た目にも美しい。生ならではの味わいとエビ独特の甘みがあり、すし飯と絶妙に合う。

蒸すと赤く発色、見た目にも豪華で、甘みもうま味も増す。ほどよくほぐれて、すし飯と出合い、見事な1かんに。

おさかなデータ
十脚目イセエビ科
茨城県以南の太平洋に生息
旬：秋から春
呼び名：関東では「鎌倉エビ」だった
食データ：姿が鎧を着けた武者に見えるので、5月5日の端午の節句に食べられるもの。料理名も具足煮、鬼殻焼きなど男っぽい

産地は太平洋岸 養殖できないので、すべてが天然

温かい海域の浅い岩場などに生息。初夏から秋口の産卵期は原則的に禁漁となっている。「エビ」という言葉は、本種の体の色がエビヅル、すなわちブドウに似ているから生まれたという説がある。

具足煮や鬼殻焼き、正月飾りに結納など、冠婚葬祭には欠かせない。代表的な産地は三重県や千葉県など太平洋側。供給が需要に追いつかないので、南半球や東南アジアなどから近縁種を大量に輸入している。

生で握るか、蒸して握るか いずれも豪華絢爛

イセエビ類は原則として活けで流通する。死んでしまったら価値は半減。生きているものを下ろして、生のまま握るか、クルマエビのように蒸したものを握る。生は透明な身がすし飯の上で動くようなものがよく、蒸したものは赤の鮮やかなものが尊ばれ、産地などで盛んに使われる。

エビ・カニ

197

ウチワエビ

団扇海老 — エビのようでエビでない

生の味わいはエビの中でも格別。甘みが強く、食感が心地よい。しょうゆにわさびもいいが、柑橘類に塩もうまい。

ウチワエビ（写真右）
オオバウチワエビ（写真左）

おさかなデータ
十脚目セミエビ科
銚子以南に生息
旬：年間を通して
呼び名：形から「セッタエビ」、パチパチと身体を急速に折り曲げる音から「パチパチエビ」
食データ：山口県名物が本種の焼きエビ。焼くと白い身がふっくらとふくれて、非常に甘く香り高い

古くはたくさん獲れ庶民的なエビだった

一般にウチワエビと呼ばれているのは、標準和名の「ウチワエビ」と、色も姿もそっくりの「オオバウチワエビ」の二種がある。ここでは二種の総称として書いていく。暖かい海域に広く分布するエビで、東日本より西日本に多く、イセエビなどに比べると安く、味も良いため人気がある。山口県では、古くはたくさん獲れ、その姿から「シラミ」などと呼んでいたが、年々上昇する価格から呼び方を変えよう、と話す漁師も。

見た目は悪いが味はエビの中でも随一

すしダネとしては西日本のもの。関東でははまだ人気がないが、味のよさは年々知られてきている。魚河岸でも見かける機会が増えてきているので、握る職人も増えることと間違いなし。蒸したもの、生のものともにすしダネとするが、活きのよいものの甲羅を割り、素早く握ったものは別格の味。

サクラエビ

桜海老(さくらえび)

真白き富士に真っ赤なサクラエビは日本一の風景

秋漁で揚がった小さいものを軍艦巻きにした。口に入れると殻が柔らかく、すし飯とすぐになじみ、エビの風味と甘みが一気に口中に広がる。

釜揚げの軍艦巻き。ほどよい塩味、柔らかさがすし飯と混ざって、エビの風味を放つ。比較的手頃な値段なのもいい。

おさかなデータ

十脚目サクラエビ科
千葉県から駿河湾、台湾にも生息
旬：3月下旬から6月上旬、10月下旬から12月下旬が漁期で旬
呼び名：夏に生まれて10月くらいまでを「新エビ」、夏の産卵前を「ヒネエビ」
食データ：生のサクラエビと豆腐で作るのが沖あがり鍋。しょうゆ仕立てで、エビから甘みのあるいいだしが出る。静岡県由比の名物のひとつ

神秘の海、駿河湾で発光する深海性の美しいエビ

千葉県以南の深海に生息する小型のエビ。沖合の中層を遊泳しており、夜になると浅場に浮き上がってくる。明治二十七年、由比の漁師が偶然見つけ、漁が始まる。今でも国内では駿河湾特産。乾物や釜揚げなどの加工品は台湾からの輸入ものが多い。

駿河湾で漁が行えるのは蒲原、由比、大井川の三漁協のみ。古くは水揚げするとすぐに干して乾物にして出荷していた。生での流通は比較的新しい。

もともとは静岡県の限定的なすしダネ 生で流通しだしてから徐々に全国へ

八十年代、東京で生の軍艦巻きが出てきて驚いたことがある。老舗のすし店で、常連さんたちから「珍しいね」の声が上がった。最近ではOレーン(→P15)の回転ずしにも登場している。釜揚げにしたものの軍艦巻きはEレーンでも食べられる。これは、安い台湾産があってのことだろう。

タラバガニ

鱈場蟹
たらばがに

世界中で愛される。大きさも味もカニの王様

すし飯に丸太ん棒をのせたようだ、という人がいるが、このボリュームに感動すべし。甘みが強く、ほどよくほぐれてすし飯となじむ。そのひと時の幸福感は大きい。

�

㊊超高

生をむき、氷水のなかで花びらのように咲かせたもの。プリッとした食感、ほのかな甘みで、捨てがたい味わいだが、すし飯との相性には「？」。

タラバガニ。例外はあるが、心域という甲羅の真ん中の区域の棘が6本。

おさかなデータ
十脚目タラバガニ科
北海道周辺以北に生息
旬：秋から冬
呼び名：小さいものを「アンコ」、非常に小さいものを「クラッカ」
食データ：普通は蒸すか、ゆでるかして食べる。ただし、生きたものを買ったら、しゃぶしゃぶもうまい

古くはタラ釣りの外道で専門の漁はなかった

標準和名にある「鱈場」とは、タラの釣れる深い海のこと。今でもタラ延縄漁（はえなわ）の釣り針に掛かることがある。真性のカニではなくヤドカリと同じ異尾類。足は十本あるが、内二本は甲羅に隠れて見えず、外見上八本。国産は非常に少なく、ほとんどがロシア、アメリカなどからの輸入もの。冷凍、ボイル、生命力が強いので生きたままの輸入も多い。雄の方が味も値段も上。

基本的にゆでたものを握る
生もあるが、値段を考えると「？」

生よりもゆでた方が甘みもうま味も強い。近年、「生」がはやっているが、これは「生」ならではの味わいと、食感を楽しむもの。風味や甘みを生かすにはゆでたものに軍配が上がりそう。活けをすし店などでゆでた（煮るともいう）ものがもっとも美味だが、これは超高級ネタ。市販のものを使った握りも、かなりお高いものにつく。

アブラガニ
油蟹（あぶらがに）
偽装事件で有名になったけれど実は美味

活けを蒸して握ったもの。若干水分が多く、甘みもタラバガニよりも落ちるように思えるが、うま味、甘みとも平均点以上。すし飯との相性もよく安くておいしい握り。

タラバガニ科は甲羅の下に左右2本の脚が隠れていて、鰓の掃除をしている。

アブラガニ。例外はあるが、心域という甲羅の真ん中の区域の棘が4本。

おさかなデータ
十脚目タラバガニ科
日本の漁業海域より北に生息
旬：秋から春
呼び名：足などに青みを帯びているので「アオガニ」
食データ：タラバガニの偽装に使われたので、あまり評判がよくないが、実はタラバガニの偽物になるくらいに美味

タラバガニ科ではもっとも似ている 普通の人には違いはわからない

本種の属するタラバガニ科は、ヤドカリと真性のカニの中間的な生きもの。「カニ」ではなくヤドカリだ」といわれるが、「カニ」自体が分類学的な用語ではないため、これは変。殻の色が「海面にこぼれた石油の色に似ている」ので和名がついたよう。形はタラバガニにそっくりなので「タラバガニの偽物」としてたびたび問題になる。国産はなく、主にロシアなどからの輸入。

外見だけでなく味の方も似て美味 「アブラガニ」とわかって食べたい

タラバガニに比べ、やや水っぽいようにも思えるが、比べなければ非常に味がいい。雌よりも雄の方の味がよく、一般的にゆでて（煮るともいう）すしダネに。業者がゆでたものより、活けをすし店でゆでた方が圧倒的に味がいい。回転ずしでもときどき目にするが、本種とわかって食べれば、安くておいしいすしダネである。

ズワイガニ

頭矮蟹(ずわいがに)

松葉ガニ、間人(たいざ)ガニ、越前(えちぜん)ガニ、加能(かのう)ガニが有名

塩ゆでにした足の身を握ったもの。だまって本種を注文するとこれが出される。柔らかく甘みを放出しながらほぐれ、すし飯とからんで、口中から消えて後味がいい。

晩秋に入荷してきた内子たっぷりのメスガニをゆでて、内子、足の身と甲羅を器にすしに仕立てたもの。寒を迎える時季なのに、「春遠からじ」を感じさせてくれる華やかなすし。

雌　　　雄

おさかなデータ

十脚目ケセンガニ科
日本海・犬吠埼以北に生息
旬：秋から冬
呼び名：雄は「マツバガニ」「エチゼンガニ」。雌は「メスガニ」「セイコガニ」「コウバコガニ」
食データ：寒い時期に獲れるので、炭火で焼きガニ、季節の野菜を合わせてカニ鍋などが有名

日本海特産ではなく太平洋でも揚がるもっとも多いのが輸入もの

日本海、太平洋の寒冷な水域の深海にいるカニ。「松葉ガニ」「越前ガニ」は雄の呼び名。大きくなる雄に比べ、雌は小さく非常に安かった。日本海で獲れるものは非常に高く、産地では「雄は出荷して、安い雌を食べる」といわれた。ただし最近ではロシア、アメリカなどから大量に冷凍、活けで輸入されていて、むしろ国産の雌の方が高いという逆転現象が起こっている。

雄は足、雌は内子(うちこ)
その上、甲下のみそもいい

産地ですしダネとして使われ始めたもの。今でも江戸前の老舗ではほとんど使わない。この産地限定の握りを全国的なものにしたのは、ロシアなどからの安い輸入ものを盛んに使った回転ずし。雄の場合、主に脚の部分を使い、甲羅下はバラケといい軍艦巻きにしたり、サラダになる。雌は小さく、身よりも内子(うちこ)(卵巣)、外子(そとこ)(卵)が主役。

ベニズワイガニ

紅蟹
べにがに

ゆでていないのに赤い深海のカニ

(安)

足の棒身を握ったもの。甘みがほどよく、柔らかく適度にほぐれ、すし飯とのなじみも上々。ズワイガニと比べなければ主役級の味で、しかも値段は庶民的。

(安)

ほぐし身とタマネギを合わせて、マヨネーズでサラダにして軍艦に。マヨネーズのまったりと穏やかな味に本種の甘み、すし飯の酸味と一体化して、あなどれない味わいとなっている。

おさかなデータ
十脚目ケセンガニ科
日本海、茨城県以北の太平洋に生息
旬：秋から春
呼び名：ズワイは不要。日本海では「ベニガニ」
食データ：身だけじゃない。甲はグラタンの器に、殻は話題のチキンキトサンがとれる

深海になるほど赤さが濃くなる
ズワイガニよりも赤いカニの不思議

ズワイガニよりも深海に生息する。浅場では赤くないズワイガニが、深くなると桃色の雑種が、もっと深くなると本種のハイブリッドが生まれるくらい種としては近い。日本海ではズワイガニよりも漁獲量が多く、ゆでなくても殻が赤いため「紅蟹」と呼ばれている。筋肉（棒肉）はあまり赤くならない。その上、ズワイガニと比べ水っぽく大味であるとされ、値段も格段に安い。代表的な産地は主に日本海の島根県、兵庫県のほか、太平洋側の福島県など。

港で様々に加工され
すしダネとしても多種多様

生きた状態での流通をはじめ、ゆでガニ、棒肉、ほぐし身など加工品が多彩で豊富。すしダネとしても、ちらしずし、握り、ほぐし身、サラダの軍艦巻きなど、種類が豊富。回転ずしを中心に使われ、多彩に楽しめる安くておいしいすしダネである。

エビ・カニ

シャコ

蝦蛄
古くは庶民の味、今では産地が遠くなり超高級品に

初夏の子持ち。産卵を控えて甘みも増し、濃厚な甘みと強いうま味があり、ねっとりした食感の「かつぶし」入りの握りは通をうならせる美味。

「かつぶし」と呼ばれる卵巣入りの握りを半分に切った断面。

おさかなデータ

口脚目シャコ科
北海道から九州に生息
旬：初夏から夏
呼び名：エビだと思われていたようで「シャコエビ」「ガザエビ」
食データ：関東ではゆでて食べる。瀬戸内海では生きているものを自宅の大鍋でしょうゆで煮ることも。シャコが大好きな岡山県では、家に銘々自分用ハサミがあり、食卓で縁を切り取りながら食べる家も

都市が臨む大きな内湾にウジャウジャいた

エビやカニとともに甲殻類に属しているが、全くの別系統。内湾に生息、海底で小さなエビや魚などを捕らえ食べている。古くは江戸前の芝や品川で獲れていたが今や姿を消し、最上級品とされていた神奈川県小柴産も激減。三河湾、瀬戸内海などでも年々漁獲量が減少している。そこで近年脚光を浴びているのが北海道石狩湾産。中国などからの輸入ものも目立っている。

古くは並ネタで気軽につまめたが近年では上ネタに

古く東京湾沿岸にはシャコを浜ゆでする港町がたくさんあったようだ。本種が江戸前ずしの代表的すしダネとなったのは、産地が前浜で非常に安かったためだろう。最近、東京湾産は非常に高価になり、高級すし店でなければ食べられなくなっている。旬は春から初夏。特に初夏、「かつぶし」と呼ばれる卵を持つのが最高にうまい。

ウニ 海胆(うに)

世界中からやってくる

チリウニ
現在もっとも安いチリ産のウニ。産地が遠いためにミョウバンがきついのか、苦みを感じることも少なくない。

おさかなデータ
ホンウニ目オオバフンウニ科、ホンウニ科
呼び名：英語で「Sea urchin」

雌雄異体（雄と雌がいる）で食べる部分は卵巣だけではなく生殖巣で、雄雌関わりなく食べている。生殖巣は五角形の身体に5つ並ぶ。

カナダ産ウニ
カナダ産のウニ。ときどき大量に出回り、回転ずしなどの目玉商品となる。国内で食べるとやや大味に感じる。

その他

ウニとはどんな動物か？食べる前に知っておこう

ウニは大きな分類では棘皮(きょくひ)動物に属している。ほかにはナマコやヒトデがいて、全身に棘や突起が生えているのが特徴。

日本で食用となっているのは、ロシアからの輸入ものもあるキタムラサキウニ、エゾバフンウニの二種類が全体の半分以上を占める。国産ではほかにバフンウニ、アカウニ、ムラサキウニ、鹿児島県以南にいるシラヒゲウニなどがある。

ほかには、チリからチリウニ、カナダ、アメリカなどからホクヨウオオバフンウニ、アメリカムラサキウニなどが輸入されている。

産地周辺で消費されていたウニが全国的に流通するようになったのは戦後から。基本的にはむき身にして木箱に入って流通する。近年、魚河岸で競りにかけられる水産物はほとんどなくなっているが、ウニはマグロとともに競りで値段の決まる少数派だ。

エゾバフンウニ

蝦夷馬糞海胆
（えぞばふんうに）

味も値段もウニの頂点にある

国産の小ぶりのものを軍艦巻きにした。強い甘みと風味が持ち味で、インパクトのある1かんである。

殻つき活けで入荷したものをすし職人が蒸して軍艦に。生よりも濃厚な味で、最近めったに出合えないのが残念。

おさかなデータ
ホンウニ目オオバフンウニ科
福島県以北の太平洋、山形県以北の日本海、北海道に生息
旬：夏から秋にかけての禁漁期以外は美味
呼び名：北海道で「ガンゼ」、市場では生殖巣の色から「アカ」
食データ：生だけでなく缶詰や蒸したものも。熱を通すと味が濃くなる

キタムラサキウニと日本二大ウニのひとつ

冷たい海域で、昆布などの海藻類を食べている。古くは昆布の害敵として駆除されていたことも。棘は短く緑がかっていて、食用となる生殖巣の色から魚河岸では「赤」と呼ばれる。ほとんどが北海道産とロシア産。ロシア産は比較的安く、北海道でも利尻島や礼文島などのものは非常に高価だ。

軍艦にするか、直づけにするか職人で意見が分かれる

ウニは産地ではなく、出荷する会社の名前で選ぶ。『はだて』『橘』などが有名だが、ほとんどが北海道にある。ウニがすしダネとして人気が出たのは、流通の発達と軍艦巻きの登場とされる。当然、軍艦巻きが主流。生を使うのが主流だが、意外に知られていないのが蒸しウニのうまさ。ウニの風味、味わいが強い。一昔前までは、魚河岸でときどき見かけるものだったが、最近めっきり出合えなくなっている。

キタムラサキウニ

北紫海胆(きたむらさきうに)

日本二大ウニの「赤白」の白

軍艦にせず、すし飯に直につけたもの。味わいはイヤミがなく上品。すし飯と合わさって、その酸味と、ウニの甘みが絶妙になじむ。

おさかなデータ

ホンウニ目オオバフンウニ科
相模湾から襟裳岬、北海道日本海以北に生息
旬：晩秋から夏
呼な名：北海道で「ノナ」。魚市場では「白」
食データ：加工品の少ないウニのなかで異彩を放っているのが福島県などで作られている「焼きウニ」。実際には蒸しに近く、非常にうまい

エゾバフンウニとは近縁 ムラサキウニとは遠縁

東北、北海道などが産地の棘(とげ)の長いウニ。「ムラサキウニ」とあるので標準和名のムラサキウニに近い種だと思うと大間違い。実はオオバフンウニ科に属し、エゾバフンウニやバフンウニと近縁。国内で食べられているほとんどが同科に属し、この仲間はアメリカ、カナダからも輸入される。

食べて上品で繊細なので直に握るという職人もいる

生殖巣は淡い黄色で、一般に「白」と呼ばれている。味は上品で、ウニの香りが若干弱い分、独特の甘みをともなう苦みも少ないので後味がいい。「赤」は味のインパクトが強い分、大トロなど強い味のすしダネとケンカしてしまうが、本種の場合、それがないので熟練のすし職人に最贔屓(ひいき)にされるようだ。ほどよい甘さやウニの香りを楽しんでもらうために、海苔を使わず直づけすることが多い。

その他

アカウニ

赤海胆(あかうに)

上品で後味の良さが持ち味、関東以西に秋を告げるウニ

いちばん厚みが出た旬の時期のもの。味わいが上品で淡いので、海苔の味わいを避けて直にすし飯につけた。舌にのせてじっくり味わってこそ、本種のうま味がわかる。

おさかなデータ
ホンウニ目オオバフンウニ科
東京湾から九州に生息
旬：秋
呼び名：「オニガゼ」とも
食データ：もっとも秋を感じさせてくれるウニ。島根県などで作られている塩漬けウニは絶品

西日本で主に食べられる秋になると獲れるウニ

暖流などの影響がある、比較的温かい地域で獲れるウニ。棘に赤みを帯びるのでこの名に。東京湾以西で獲れる主なウニ（バフンウニ、ムラサキウニ）は、どれもあまりたくさん獲れず、産地周辺で流通、消費されることが多い。その中にあって本種は秋限定ながら、まとまって獲れる。
少ないながら、三浦半島などから東京の魚河岸にもやってくる。量的に少なく、秋限定のウニなので、魚河岸のプロ達にも季節感を感じさせてくれるウニとして人気。

上品で淡い甘さが特徴
じっくり味わってうまさがわかる

殻が平たく、中の生殖巣はあまり厚みがない。薄い山吹色で、色合い同様に味も上品で甘みも淡い。ウニ独特の苦みも少なく後味がいい。すしとしてつまむ場合にも強いすしダネの後ではなく、白身の後などにして、じっくり味わうと真価を発揮する。

シラヒゲウニ

白髭海胆
沖縄でウニといったら本種のこと

熱帯なので淡泊だと思ったら大間違い。ウニならではの風味がほどよく、甘みが強く、味にこくがある。当然すし飯と合わさっても存在感があり、絶品。

おさかなデータ
ホンウニモドキ目ラッパウニ科
和歌山県以南ではあるが、主に鹿児島県から南、沖縄に生息
旬：夏
呼び名：鹿児島で「島ウニ」。沖縄で「ガチャー」
食データ：まさか熱帯でウニ？ ウニといえば北海道や東北、日本海を思い浮かべるが、世界的にも熱帯で獲れるのは本種の仲間

サンゴ礁に生息する大型の夏のウニ

主な産地は鹿児島県南部の島や沖縄など。沖縄や奄美大島では夏の風物詩的な味。国内で獲れるオオバフンウニ科やナガウニ科はともにホンウニ目に属しているが、本種はホンウニモドキ目なので分類上かなり上位で違っている。本種の属するラッパウニ科の仲間は、アメリカのフロリダなどでも同じように食用になっていて、熱帯限定のウニということになる。

ウニの中では大型種なので生殖巣も大きい

殻の直径が十センチを超える大型のウニ。生殖巣も、厚みはないものの大きい。沖縄では夏に解禁。すしダネとしても夏ならではのもの。基本的にむき身で流通し、簡単な発泡トレイなどにのせられて売られている。色合いは山吹色で、一片が大きい。うま味と甘みが強く、北海道などのウニと比べても引けを取らない味わい。

その他

209

玉子焼き

玉子焼き

店ごとに焼き方も味も違う。時代でも変わる

だし巻き玉子 袋づめ
一人前に切り、真ん中に切り込みを入れて袋状にして、すし飯を詰め込んだもので、最近もっともよく見かける形。さっぱりして卵の香りが生きている。

薄焼き玉子
卵にエビのすり身とみりん、塩、砂糖で味つけし、薄く焼いたもの。エビは基本的にシバエビ、アカエビなど小型種を利用する。甘み控えめでほんのりエビの風味がする。

厚焼き玉子
卵に魚のすり身を加え、みりん、塩、砂糖で味つけして上下から熱を加えて焼いたもの。食感はカステラのようで甘みが強い。

玉子焼きの種類
薄焼き玉子
　エビすり身入り
厚焼き玉子
　魚のすり身入り
だし巻き玉子
　鰹節だし入り

基本は薄焼き玉子に厚焼き 現在ではだし巻き玉子が大人気

江戸前ずしに欠かせないものが赤身のマグロと玉子焼き。白身はなくても玉子焼きを置かないすし店はまずないだろう。

江戸時代から戦前に至るまで、鶏卵は非常に高価なものだった。当然、すしダネの玉子焼きも上物ネタだったわけで、すし店それぞれに工夫をこらした。すしダネの玉子焼きは次の三タイプになる。

① **薄焼き玉子** エビのすり身などを卵に加え、砂糖、みりん、塩などで味つけし、薄く焼いたもの。

② **厚焼き玉子** エビ・魚のすり身を卵に加えて、砂糖、みりん、塩などで味つけし、厚く焼き上げたもの。

③ **だし巻き玉子** 卵に鰹節だし、みりん、砂糖、塩などで味つけし、少しずつ卵焼き器に入れながら厚みをつけて焼いたもの。

ほかに、魚河岸で売られている「河岸玉」など、様々な形がある。本来の江戸前は①と②だが、最近ではだし巻き玉子が全盛に。

スサビノリ

海苔(のり)

世界中の人が一枚ずつ食べても余る生産量

海苔帯
安定の悪いすしダネを帯状の海苔で留める。これを海苔帯という。ますます多彩になるすしダネを陰で支えている。

海苔巻き
単に海苔巻きというと干瓢(かんぴょう)巻きのこと。ほかにはマグロで鉄火巻き、キュウリでカッパ巻き、納豆巻きなど。

軍艦巻き
戦前に銀座のすし店で誕生したとされる軍艦巻き。ウニやイクラ、最近ではサラダなど握れないものをすしダネに。

おさかなデータ
ウシケノリ目ウシケノリ科
北海道から九州に生息
旬：冬
呼び名：古くは「紫菜」だった
食データ：日本と韓国、中国で生産している。いちばん生産量の多いのは日本で、年間80億枚から100億枚。それでも韓国、中国から輸入している

アサクサノリからスサビノリにいつの間にか交代

一般にノリと呼んでいるのはウシケノリ科アマノリ属の植物。紅色の色素を含んでいるので紅藻類ともいう。アマノリの種類は多く、一般に養殖しているのを「ノリ」、天然ものを「岩ノリ」という。江戸時代以前から戦後の高度成長期まで内湾生の標準和名アサクサノリが東京湾などで養殖されていた。内湾の汚染が進むに従い、病気や汚染に強い本種に交代される。今やアサクサノリは絶滅危惧種。養殖ノリのほぼすべてがスサビノリになっている。

海苔巻きの誕生は江戸時代中期か？

江戸前浅草、芝、品川などでノリの養殖が行われ、これが浅草で盛んだった紙すきの技術と出合い板海苔が作られた。海苔巻きは十八世紀には誕生していたとも。最近では手巻きずし、軍艦巻き、海苔帯など、すし界のゴッドファーザーのような存在。

その他

用　語　集

踊り　生きたエビを注文されてから剝いて生のまま握ったもの。すし飯の上で動く様が踊っているように見えるため。

おぼろ　エビや魚などをゆでて、ほぐし、味つけ。鍋などで煎り水分を飛ばしたもの。食紅で赤く染めたものが多い。握りのネタとすし飯の間に挟んだり、のせたり、ちらしずしの彩りなどにも使われる。別名「そぼろ」。

カ

科　生き物は大まかな分類として上から「界」「門」「綱」「目」「科」「属」「種」となる。「科」は形態的に似通っていて、系統を同じくする生き物群をいう。

回転ずし　1958年に大阪府布施市(現東大阪市)で生まれた。すし職人が握り、ベルトコンベアー敷の回転台にのせて、回ってきたすしを客が好みで取り食べる店。

貝柱　二枚貝の貝殻を閉める役割をする筋肉。普通は前後に2個あるが、ホタテガイの仲間は後にある後閉殻筋という貝柱のみになる。

数　すしの数の数え方。隠語、符丁がある。1＝ピン、2＝リャン、3＝ゲタ(下駄)、4＝ダリ、5＝メノジ、6＝ロジといまたはロンジ、7＝セイナン、8＝バンド、9＝キワ、10＝ピン(大ピン、ピンマル)、11＝ピンピン(ナラビ、アサ)、12＝チョンブリ、13＝ソクキリ、14＝ソクダリ、15＝ソクメ(アノ)、16＝ソクロン、17＝ソクセイ、18＝ソクバン、19＝ソクキワ、20＝リャンコ(ノナラビ)、など。

カッパ巻　関西では「きゅうり巻き」。昭和4年(1929)大阪市北区曽根崎のすし店『甚五郎』主人、大宅真次郎が考え作ったもの。

かべす　歌舞伎見物などにつきものとされるものが3つあり、その頭の文字を並べたもの。「か」は菓子、「べ」は弁当、「す」はすし。この場合のすしはマグロ、タコ、コハダ、玉子焼き。

カマトロ　胸鰭(むなびれ)のついた部分で人間では肩の部分に相当する。ここからとれる脂ののった部分をいう。

がり　生姜(新生姜)を薄く切って甘酢につけたもの。噛むとガリガリするので「がり」となった。すしをつまむときの口直しに食べる。

ア

青魚　「背の青い魚」を参照。

赤身　ミオグロビンという赤い色素を持つタンパク質を含んでいる筋肉。カツオやマグロなど長距離を一生泳ぎ続ける魚が、海水中の酸素を効率よく循環させるのに役立っている。このミオグロビンを多く含む筋肉を持つものを赤身魚という。

あがり　お茶のこと。上等の煎茶ではなく、魚が主体のすし店では生臭みを消して、さっぱりさせるために粉茶を熱湯で入れる。

アスタキサンチン　サケやエビ、カニなどに含まれる赤い色素成分。高い抗酸化作用や酸化防止作用があり、注目を浴びている。

あにき　1日前の残り物のすしダネ。新しく仕入れたものを「弟(おとうと)」という職人もいる。

あぶり　すしダネに切って、バーナー、直火などであぶったもの。最近では握って、すしダネをのせてからあぶることもある。

Eレーン　回転ずしの形態のひとつ。ベルトコンベアーの部分は客席側にあり、その末端が調理場にある。調理する場と、客側が分離し、すしを握るのは原則的にロボット(→P15)。

活け締め　生きている魚などを刃物などで即死させること。うま味成分の素であるアデノシン3リン酸の減少を防ぎ、死後硬直を遅らせることができる。漁獲直後に即死させる方法と、漁獲後一定期間生け簀(いけす)に泳がせてから即死させる方法がある。味がいいのは後者。

印籠詰め　イカの胴体にすし飯を詰め込むこと。

内子　甲殻類のエビ、カニ、シャコなどで産卵する前の「内」すなわち体内にある卵のこと(→外子)。

瓜巻　奈良漬けの海苔巻きのこと。

Oレーン　回転ずしの形態のひとつ。基本形は楕円形のベルトコンベアーの中央部分にすし職人がいて調理する(→P15)。

大葉　青じそとも。シソ科シソの葉の青いもの。愛知県などでは産地での呼び名から「大場」と呼ばれることがある。イワシやカツオなどの薬味に、巻物の具材としても利用される。

落ち　魚などが寒さを避けて深い場所に移動すること。

どを合わせてマヨネーズと合わせたもの。多様化している。

仕込み　タネを切りつける直前までの形にすることをいう。「荒仕込み」「中仕込み」など段階的な呼び方もある。

上魚（じょうよう）　高級すしダネのこと。マグロ、春日子（小鯛）、エビ、サヨリ、キスなど（→下魚）。

ショウガ　熱帯アジア原産で根と茎を食す。根の部分を一般的に根ショウガといい。アジやイワシ、カツオなどうま味の強いしダネに薬味として使う。

職人　すしを作る人を正しくは「職人」という。板前、マスターなど最近ではいろいろな呼び方をしていて、それも決して悪いことではない。

白子（しらこ）　主に魚類の精巣のこと。一般にマダイ、マダラなどでは真子（まこ、卵巣）よりも高価。

白身　赤い色素タンパクであるミオグロビンを含まない部分。もしくはミオグロビンの少ない魚を白身魚という。

酢　米を蒸して発酵させて酒を造り、この酒の中の糖質やアミノ酸が酢酸菌の働きで酢になるのが米酢。強い発酵臭がする。すし用の酢は香りが弱く、無個性な白酢と、酒粕から作った赤酢などを使う。現在の主流は前者。

水管　シロミル（ナミガイ）、ミルクイなどはこの部分をすしダネにする。外套膜が変化したもので海水を取り込み呼吸、海水中の有機質を吸い込んでエサとしている。入水管と出水管がある。

酢じめ　魚、イカなど、塩をして一度洗い、生酢、甘酢に漬けたもの。関西では「生ずし」という。

すし飯　ご飯を酢と塩と砂糖で味つけしたもの。すし店などでは「しゃり」という。これは米が貴重であったとき「舎利」、すなわちお釈迦様の骨にたとえたため。

背の青い魚　マサバを始め、回遊魚で背、すなわち海面に向けている部分が青みがかった魚をいう。ただし最近ではサンマやサワラなど広く回遊魚自体を指す言葉としても使われ、光りものと混同していることが多い。

属　生き物は大まかな分類として上から「界」「門」「綱」「目」「科」「属」「種」となる。「属」は形態的に非常に似ており、時に交配することも可能であるもの。

外子（そとこ）　甲殻類十脚目のエビ、カニに抱卵するタイプ（クルマエビの仲間以外の抱卵亜目）に属する生き物は産卵後一定期間腹脚に抱き保護する。この産卵後保護している状態の卵

皮霜（かわしも）　皮と皮下などにうま味がある魚の場合に用いる。皮の方から熱湯をかけて、すぐに冷水にとって水分をよくきる。皮が柔らかくなり、魚の生臭さもとれる。

かん（貫）　現在は握りずし1個のこと。古くは大きくて1個100グラム前後あった。当然、そのままでは食べられないので2つに切ったので「かん」は2個のことだという説も。ちなみに「かん」自体が曖昧な言語で基準となる重さ、大きさを表さない。

柑橘類　ミカン科の植物の果実のこと。ゆず、すだち、かぼす、だいだい、レモンなどがあり、皮、果汁などを使う。

黄身おぼろ　卵の黄身をほぐし、砂糖、みりん、塩で味つけして煎り、水分を飛ばしたもの。ちらしに使う。ゆでえびを漬け込んだり、サヨリやコハダなどにつけたりする。

玉（ぎょく）　玉子焼きのこと。すし職人用語で、客が進んで使うべき言葉ではない。

木津巻き（きづまき）　かんぴょう巻きのこと。古くは大阪市木津地域（現浪速区）がかんぴょう（ユウガオ）の産地だったため。

切りつけ　三枚に下ろして皮、骨などを取り去った状態のものをすしダネの形に切ること。切る行為。

くさ　板海苔のこと。漢字で書くと「草」だろう。アマノリ科の植物で分類学的には間違いであるが「海草」と書いたことによる。

軍艦巻き　すし飯を海苔で囲みネタを満たしたもの。東京銀座のすし店の考案したもの、という説も。

下魚（げよう）　比較的安いすしダネのこと。コハダ、トリガイ、ハマグリなど（→上魚）。

げそ　漢字で「下足」。イカの脚の部分で、これ単体でもすしダネとなる。

下駄　客にすしを出すときにのせる、木で作られた足のあるまな板状のもの。鼻緒のない下駄に見えるため。

甲殻類（こうかくるい）　正式には「甲殻綱」。エビやカニの十脚目、シャコの口脚目を含む生き物のこと。

コロ　マグロを縦4等分（ロイン）してそれを前後に3等分、もしくは4等分にしたもの。別名チャンク。

サ

冊（さく）　マグロなどを長方形にしたもの。普通はコロを縦方向に一定の厚みで切り取ったもの。サクを切ることを「サクどりをする」という。

サラダ　れっきとしたすしダネ名。タネと野菜な

213

鉄火巻き マグロの赤身などを芯にした海苔巻き。元々は賭博場(鉄火場)で賭けをしながら食べるのに便利であったためとされる。

手巻きずし すし店などでの、まかない料理から始まったとされる。海苔半分で巻き簾を使わず手でくるっと種を巻くもの。戦前からあったとされている。

頭足類 正しくは「頭足綱」。頭から直接足が生えている生き物でイカ、タコなどの総称。

ドレス 魚の頭部と内臓を除去したもの。

トロ 本来はマグロの腹の部分や脂の強い部分をいうものだったが、最近では「脂の強い部分」という意味合いで広く使われている。東京日本橋のすし店で生まれた言葉ともされる。中トロ、大トロと脂の多さで使い分ける。

どんしゃり 普通のご飯のこと。すし飯のように酢や塩、砂糖で味つけしていないご飯。

ナ

中落ち 魚を三枚に下ろしたときの真ん中にある骨の部分。またここに着いている身。主に大型魚、特にマグロに対して使われ、鉄火巻きやネギトロなどの材料となる(→P19)。

なみだ 「わさび」を参照。

軟体動物 正式には「軟体動物門」。巻き貝、二枚貝、イカ、タコなど身体が柔らかく、広い外套膜に包まれている生き物。

煮きり しょうゆ、みりん、酒、だしなどを合わせて2割前後煮つめたもの。イカ、赤身など握った後にネタにぬる。

二丁づけ(にかんづけ) 握りずしを2個単位で提供すること。戦前は1個のすしが大きかったが、戦後、握りが小さくなって始まったとされる。

ねぎとろ 中落ちなどの身をかきとり細かくたたいて、ネギと合わせたもの。語源は「ネギ」とは関係なく、中落ちの身をかきとることを「ねぎとる」「ねぎとる」といっていて、「ねぎとった身」でしかも脂があってトロであることからきたとも。本来、すし屋、マグロ店などで中落ちの身を使って作っていたものだが、最近ではビンナガマグロ、キハダマグロ、筋の多いメバチマグロなどを材料に食用油などを添加して商品化している。

ネタ 「種」を参照。

ネタケース 冷蔵ショーケースの一種で、すしダネ、もしくは切りつける前の材料などを入れておくもので、客に対してガラス越しに見えるようになっている。カウンターではネタケースの前が最上席(→P14)。

野締め 魚介類を漁の最中に死なせること。即死ではないので暴れるなどで体内のうま味成

をいう。内子よりも味は落ちる(→内子)。

タ

たくわん 干してぬか漬けにしたものと、干さないで塩で水分を適度に抜き、調味料に漬け込んだものとがある。トロタク(マグロの脂の多い部分とたくわんを使ったすし)に使うのは後者が一般的。別名「東京たくわん」とも。

立ち店 「たち」「たちずし」とも。古く、すしは「屋台などで売られ、立って食べたため」とも座敷などで食べる高級店と区別するために「座敷＝座る」に対して安い店を「たち」といったとも。また古くすし職人は内店では座ってすしを握ったが、戦前に現在のような店の形態になり、立って握るようになったためともされる(→P14)。

手綱巻き マグロやイカ、コハダなど複数のすしダネを、斜めに板状に並べてすし飯を巻いたもの。

縦縞 頭と尾を結ぶ線(筋)状の模様。ウニなどでは生きている状態で天地を結ぶ線(筋)状の模様。

種 すし飯の上にのせる材料のこと。一般に「すしダネ」「すしネタ」や、単に「ネタ」とも。

鱈場 マダラ、スケトウダラがいる水深500メートル以上の深海のこと。例えば「鱈場ガニ」はもともと深場にすむカニの意味で1種類の甲殻類の名前ではなかった。

血合い 体内に酸素を送り込む働きをする赤い色素であるヘモグロビンやミオグロビンをたくさん含む筋肉。長距離、長時間泳ぐ魚ほど大きく、回遊しないマダイやカワハギなどには少ない。

漬け 種を一定時間しょうゆ、もしくはタレ(しょうゆ、みりんなど)に漬けて握ること。またマグロの赤身自体を指す言葉でもある。

つけ台 すし職人が握ったすしを客に出すときのせる客の前の台。古くは直にすしを置いたが、皿や葉蘭を置いて出すようになった。最近ではあまり見かけなくなった(→P14)。

つけ場 すし職人が握る区域、場所。

つける すしを握ることを正しくは「つける」という。もともと、すしは漬け物(発酵食品)であった名残で、漬け物の「押しをかける」ことから、古くは「握る」ではなく「つける」だった。また「丸づけ＝1尾の魚を1かんのすしダネにする」「片身づけ＝1尾の魚から2つのすしダネをとる」「2枚(3～5枚)づけ＝2尾の魚で1かんのすしダネにする」などとも使う。

つめ アナゴ、ハマグリなどを煮た汁を、とろりとするまで煮つめたもの。店によってみりんや砂糖を加えることもある。アナゴ、シャコ、タコなどにぬって出す。

214

ので、関西や家庭でもおなじみのもの。

真子（まこ）　卵巣のこと。カニ、シャコ、魚類など真子単体ですしダネにすることも多い。

丸づけ　1尾の魚、イカなどで1かんの握りのすしダネとすること。小さいサイズで1かんの握りにちょうどいいものを「丸づけサイズ」とも。

みそ　甲殻類、エビ、カニの臓器、肝膵臓（中腸腺とも）のこと。ときに内子も加えていることがある。

むしえび　エビは湯の中で熱を通すので「ゆでえび」ともいうが、すし職人は「むしえび」という。

紫（むらさき）　しょうゆのこと。

目（もく）　生き物は大まかな分類として上から「界」「門」「綱」「目」「科」「属」「種」となる。「目」は形態に似通った点があり系統を同じくする生き物群をいう。

ヤ

焼霜（やきしも）　皮と皮下にうま味があり、皮の硬い魚の場合に用いる。皮の方を直火やバーナーであぶり、すぐに冷水にとり、水分を布巾などでよくとり去る。

山（やま）　ササの葉のことで、山でとれることに由来する。すしの盛り合わせなどにしきりとして使われる。

湯飲み　すし店の湯飲みは粉茶を熱湯で入れるため、厚みがあって大ぶりのものを使う。

横縞（よこじま）　頭と尾を結ぶ線に対して垂直になる線（筋状）の模様。ウニなどでは生きている状態で左右、もしくは円周上に走る線（筋状）の模様。

ラ

ロイン　魚の4分の1。マグロなどを三枚に下ろし、半身を縦半分にしたもの。

ロール　「カリフォルニアロール」「すしロール」「巻きずし」など海苔を使ったものと、すし飯をすしダネで巻くものも指している。伝統的な手綱巻きもロールのひとつになる。

ワ

わさび　本わさび（写真上）と粉わさび（写真下）がある。本ワサビはアブラナ科ワサビ属の植物の地下茎をすり下ろしたもので、非常に香りが高い。粉わさびはセイヨウワサビ（別名ワサビダイコン）を粉末にしたもので値段が安いかわりに香りが薄い。すし店では「なみだ」などとも。

和名　「標準和名」を参照。

分の素であるアデノシン3リン酸が急速に失われる。死後硬直が早まり、当然弛緩も早まるので、食感が悪くなる。

海苔帯（のりおび）　「帯海苔」とも。すし飯の上でまとまらないすしダネを留めておくのに使う細い海苔。

ハ

ハの身（はちのみ）　「脳天」「頭の身」などもいう。「ハの身」と書く人もいるが、マグロの頭部のことを「鉢」というところから「鉢の身」だとも。頭部に2本あり目の上から吻（ふん）にかけての長い円柱形の筋肉。筋が柔らかく脂がある。

ばらん　葉蘭（はらん）のこと。最近では笹よりも葉蘭切りで鶴や亀などを作ることもある。一般的には、握りを置く皿、仕切りとして使う。また仕切りとして使うプラスチックのものもあり、実はこちらの方が主流。

光りもの　基本的には体色が銀色に光る小魚と、酢で締めて使う魚のこと。最近では背の青い魚（青魚）であるマサバやサワラにも使われる。

ひも　二枚貝のアカガイ、ホタテガイなどの外套膜の部分。コリコリとして独特の食感が楽しめる。

標準和名　基本的に生き物の種名はラテン語。これを各国で便宜的に母国語で表示するのだが、日本の場合は「和名」といい、図鑑などに載せるために標準的なものとして選び出したもの。決して流通の世界や食の世界の基本的な名ではない。

太巻き　関西などには海苔2枚を使ったダイナミックな太巻きもあるが、江戸前ずしの「太巻き」は「巻き物」を参照。

棒身（棒肉）　カニの脚の部分の筋肉。棒状なのでこの名がある。

ほぐし身　カニ、魚などの身をゆでてほぐしたもの。カニの場合、甲羅下や脚の付け根の部分からとれる身を指すこともある。

マ

巻きおさめ　握りずしなどの最後に海苔巻きを食べること。海苔巻きを食べると、これで「すしをつまむのも最後」という意味合い。

巻きす　漢字で「巻き簾」と書き、すだれの一種で竹ひごを木綿糸などですだれ状に方形につげたもの。巻き物を作るときや、玉子焼きの形を整えるときに利用する。

巻き物　「細巻き」「太巻き（中巻き）」などがある。「細巻き」は江戸前ずしとともに生まれたもので、海苔1枚を半分に切り、巻いたもの。カッパ巻き、干瓢（かんぴょう）巻きなどもっとも一般的なもの。太巻きは海苔1枚を使って巻くも

索引

太字…魚名（標準和名）　細いゴシック…魚名の別名　明朝…ネタ名（標準和名と異なる場合）

アワビモドキ	177
アンコ	200
イイダコ	150
イカナゴ	136
イクナー	86
イクラ	36
イサキ	101
イサギ	101
イッサキ	101
イシガキガイ	161
イシガキダイ	88
イシガレイ	67
イシダイ	88
イシダコ	148,150
イシモチガレイ	67
イセエビ	197
イナダ	74
イバラモエビ	196
イボダイ	91
イラコアナゴ	60
イワシ	42
イワナ	31
インドマグロ	22
ウグイス	69
ウシエビ	194
ウスメバル	125
ウチワエビ	198
ウナギ	62
ウニ	205
ウバガイ	166
ウミウナギ	63
ウミナマズ	133
ウマヅラハギ	131
エゾアワビ	173
エゾイシカゲガイ	161
エゾバフンウニ	206
エゾボラ	178
エゾボラモドキ	178
エチゼンガニ	202
エッチュウバイ	180
エビスダイ	99
エボダイ	91
エンガワ	73
オーマクブー	114
オオウナギ	62
オオエビ	186
オオカミ	77
オオガレイ	64
オオグチガレイ	64
オオサガ	123
オオダコ	149
オオマテガイ	169
オオミゾガイ	165
オガイ（アワビ）	174
オガレイ	65
オキスズキ	107,113
オキナノメンガイ	159
オキハモ	60
オキムツ	117
オキメバル	125

ア	
アイナメ	104
アイベ	173
アオアジ	49
アオガニ	201
アオガマス	119
アオダイ	96
アオヤギ	154
アオリイカ	140
アカ（エゾバフンウニ）	206
アカ（カンパチ）	76
アカアマダイ	89
アカアワビ	177
アカイカ	142
アカウオ	116
アカウニ	208
アカエビ	189
アカガイ	152
アカカマス	118
アカギ	111
アカジョウ	112
アカジンミーバイ	112
アカニーバラ	111
アカネアワビ	176
アカバ	111
アカハタ	111
アカヒラ	76
アカマチ	84
アカマンボウ	93
アカミーバイ	111
アカミズ	110,112
アカムツ	116
アカメバル	120,125
アキタガイ	162
アキトビ	54
アゲマキ	168
アコウ	110
アコウダイ	124
アジ	48
アシアカエビ	193
アジケー	171
アズキマス	110
アツエゾボラ	179
アッパッパガイ	163
アトランティックサーモン	32
アナゴ	58,61
アニワバイ	181
アブラガニ	201
アブラガレイ	73
アブラメ	104
アマエビ	184,185
アマダイ	89
アマテ	70
アラ	113
アラ（クエ）	108
アラカブ	120
アラスジサラガイ	155
アルゼンチンアカエビ	189
アワビ	176

216

キュウセン	115
キョウゲン	95
キョウゲンバカマ	95
キョウモドリ	103
ギン	34
ギンアジ	50
ギンアナゴ	59
ギンガレイ	72
キンキ	122
キンギョ	116,122
キンキン	122
ギンザケ	34
キントキダイ	94
キンフグ	129
キンメダイ	98
クエ	108
グソクダイ	99
グジ	89
クチグロ	88
クチジロ	88
クチビ	87
クチボソ	66
クブシミヤー	147
クブシメ	147
クマエビ	193
クラッカ	200
グリーンリップ	176
クリイロエゾボラ	179
クルマエビ	192
グレ	100
クロアワビ	174
クロカラ	126
クロソイ	126
クロダイ	81
クロボッカ	126
クロマグロ	20
クロメ	62
クロヤ	100
ケンイカ	141
ケンサキイカ	142
ケンミガワ	152
コイカ	143,146
コウイカ	138
コウジンメヌケ	123
コウバコガニ	202
コオナゴ	136
コクラマテ	169
コシナガマグロ	25
コショウエビ	184
コショウダイ	102
ゴジラエビ	196
コタイ	102
コダイ	79
コッパ	106
ゴテンアナゴ	59
ゴトウイカ	142
コノシロ	40
コハダ	40
コブシメ	147
ゴマサバ	47
コモチコンブ	37
コモチダコ	150
コロダイ	103

オコゼ	121
オゴダイ	85
オサガワバイ	181
オナガ	84
オニエビ	196
オニオコゼ	121
オニガゼ	208
オハマ	156
オヒョウ	65
オンシラズ	117

カ

カイグレ	103
カイズ	81
カイワリ	50
ガガラミ	127
カキ	170
カクアジ	50
カクヨ	127
カゲキヨ	94,98
カゴカキダイ	95
ガザエビ	204
カサゴ	120
カスゴ	56
カズノコ	37
カタクチイワシ	135
カタナ	52
ガチャー	209
カツオ	26
カナ	109
カナギ	136
カナダホッキ	167
カネヒラ	94
カノウガニ	202
カペリンコ	38
カマクラエビ	197
カマスゴ	136
カミソリガイ	168,169
カミナリイカ	139
カラス	193
カラスガレイ	72
カラフトシシャモ（魚卵）	38
カレイ	66
カワダイ	82
カワハギ	130
ガンゼ	206
カンヌキ	44
ガンバ	128
カンパチ	76
ギーラ	171
ギザミ	115
キジエビ	193
キジハタ	110
キス	51
キダイ	56,80
キタムラサキウニ	207
キチジ	122
キチヌ	82
キツネ	160
キヌダマグロ	154
キハダマグロ	25
キビナゴ	43
キビレ	82
キミイワシ	43

217

シンコ	40
ジンドウイカ	143
スケトウダラ（魚卵）	39
スサビノリ	211
スジアラ	112
スジエビ	191
スジコ	36
スズキ	106
スポットブラウン	188
スポットエビ	188
スマ	28
スミイカ	138
スルメイカ	144
ズワイガニ	202
セーイチャー	145
セイゴ	106
セイコガニ	202
セダイ	83
セッタエビ	198
センネンガイ	175
センネンダイ	92
ソデイカ	145
ソデフリ	158
ソビオ	127

タ

タイ	78
タイザガニ	202
タイセイヨウサケ	32
タイセイヨウマグロ	20
タイラガイ	164
タイラギ	164
タコ	148
タチウオ	52
タチガイ	164,168
タマゴヤキ	210
タマン	87
タラ	132
タラコ	39
タラバガニ	200
タラバホッケ	105
タルイカ	145
ダルマ	90
タンタカ	68
チチイイカ	147
チガイ	152
チカメキントキダイ	94
チゴメダイ	223
チダイ	56,79
チャワンガイ	160
チョウセンハマグリ	157
チリアワビ	177
チリウニ	205
チンチン	81
ツクシトビウオ	54
ツヅノメバチメ	125
ツナシ	40
ツノギ	131
ツブ	181
ツボッカイ	182
ツユイサキ	101
テッポウ	128
テンジクタチ	52
トウサン	27

サ

サーベル	52
サーモン	32,33
サーモントラウト	33
サイマキ	192
サイラ	45
サクラエビ	199
サクラガイ	154
サクラダイ	78
サクラマス	35
サケ（魚卵）	36
サケノツカエダイ	100
サゴシサゴチ	53
サゴチ	53
ササイカ	141
サザイ	182
サザエ	182
サツキエビ	196
サトウガイ	153
サバ	46
サメガレイ	71
サヨリ	44
サヨリ（サンマ）	45
サワラ（マカジキ）	29
サワラ	53
サンバソウ	88
サンバナー	92
サンマ	45
ジジイガイ	153
シシャモコ	38
シジュウ	104
シタエビ	185
シチューマチ	96
シナノユキマス	30
シナハマグリ	156
シバ	80
シバエビ	185
シバダイ	80
シブダイ	86
シマアジ	77
シマウニ	209
シマエビ	191
シャクハチ	118
シャコ	204
シャコエビ	204
シュウトメ	28
シラウオ	134
シラス	135
シラス（ウナギの幼魚）	62
シラハタ	55
シラヒゲウニ	209
シロ	207
シロアナゴ	59
シロイカ	142
シロガイ	155
シロギス	51
シロクラベラ	114
シロサバフグ	129
シロダイ	83
シロニシ	180
シロバイ	180
シロミル	159
ジンケンエビ	185

218

ハツコ	40	トクダイタラコ	39
ハナダイ	79	**トクビレ**	127
バナメイ	195	**トコブシ**	175
バフンウニ	206	**トビウオ**	54
ハマグリ	156	**トビウオ（魚卵）**	38
ハマゴイワシ	43	トビコ	38
ハマダイ	84	トビヨ	127
ハマチ	74	トミ	128
ハマトビウオ	54	トモモリ	102
ハマフエフキダイ	87	トヤマエビ	186
ハム	58	トラウト	33
ハモ	63	トラエビ	186
バライカ	144	**トラフグ**	128
バラハタ	112	**トリガイ**	160
ハリイカ	138	ドロメ	135
ハルトビ	54	トンビホチ	71
バンナメエビ	195	ドンブリガイ	166
ヒイカ	143	トンボ	24
ヒオウギガイ	163		
ヒゲダラ	133	**ナ**	
ヒゴロモエビ	190	**ナガウバガイ**	167
ヒジタタキ	51	ナガガキ	170
ピッカリ	50	ナカズミ	40
ヒネエビ	199	ナガハゲ	131
ヒメアマエビ	185	ナガラメ	175
ヒメシャコガイ	171	ナガレコ	175
ヒメダイ	85	**ナガレメイタ**	70
ヒューヒュー	119	ナツトビ	54
ヒラアジ	48	ナナツボシ	42
ヒラガキ	170	ナマシラス	135
ヒラサバ	46	**ナミガイ**	159
ヒラス	75	ナンダ	133
ヒラスズキ	107	ナンバンエビ	184
ヒラソ	75	ニーグ	171
ヒラソウダガツオ	27	ニガッコ	182
ヒラマサ	75	**ニジマス**	33
ヒラメ	64	**ニシン**	43
ビンチョウマグロ	24	**ニシン（魚卵）**	37
ビントロ	24	ニタリ	82
ビンナガマグロ	24	ネボッケ	105
フエダイ	86	ノドクロ	116
フクライ	27	ノナ	207
フッコ	106	ノリ	211
ブドウエビ	190		
フユガレイ	72,73	**ハ**	
ブラックタイガー	194	バイ	181
ブリ	74	ハイオ	28
ベイカ	147	**バカガイ**	154
ヘイタイガイ	168	**ハガツオ**	27
ベコ	147	ハカリメ	58
ヘダイ	83	ハクラ	106
ベニガニ	203	ハゲ	130
ベニズワイガニ	203	バケ	25
ベラ	115	バショウイカ	140
ヘロキ	43	ハタ	109
ボウズコンニャク	223	**ハタハタ**	55
ホシガレイ	69	パタパタガイ	163
ホソトビウオ	54	バチ（サトウガイ）	153
ホタ	85,96,113	バチ（メバチマグロ）	23
ホタテガイ	162	バチダマ	153
ホタルイカ	146	バチマグロ	23
ボタンエビ	187	パチパチエビ	198
ボタンエビ	186,188	ハツ	25
ホッキガイ	166,167	**ハッカク**	127

219

ムラサキエビ	190
メイタガレイ	70
メイチダイ	97
メイッチャ	97
メイメイセン	122
メガイアワビ	174
メカジキ	28
メジナ	100
メダイ	90
メダイ（メイチダイ）	97
メダカアワビ	172
メダカガレイ	70
メッキ	50
メヌケ（オオサガ）	123
メヌケ（アコウダイ）	124
メバチ	59
メバチマグロ	23
メブト	90,116
メロウド	136
メンメ	122
モウオ	109
モガイ	152
モチガレイ	69
モチハギ	130
モミジコ	39
モロトゲアカエビ	191
モンゴウイカ	139
モンジュガイ	158
モンダイ	93

ヤ

ヤイト	28
ヤクガイ	183
ヤコウガイ	183
ヤナギ	53
ヤマトカマス	119
ヤマナリアメリカミルクイ	158
ヤマノカミ	121
ヤリイカ	141
ヨノミ	103
ヨロイイタチウオ	133
ヨロイダイ	99

ラ

リシケタイラギ	164
レンコダイ	80
ロコガイ	177

ワ・ほか

ワカシ	74
ワカマツ	127
ワラサ	74
A ツブ	178
B ツブ	179
Black tiger	194
Jade tiger	176
Sea urchin	205
Spot prawn	188
Surf-clam	167
Vannamei	195

ホッケ	105
ホッコクアカエビ	184
ホンアジ	48
ホンカツオ	26
ホンカマス	118
ホンギス	51
ホンスズキ	107
ホンサバ	46
ホンダガレイ	71
ホンハツ	25
ホンハモ	63
ホンマグロ	20
ホンマス	35
ホンミル	158

マ

マアジ	48
マアナゴ	58
マイカ	138,139,144
マイワシ	42
マガキ	170
マカジキ	29
マガツオマーガチュー	28
マーガチュー	28
マガマス	118
マキ	192
マキン	98
マクブー	114
マコガレイ	66
マサ	75
マサバ	46
マス	35
マスガイ	153
マスガレイ	65
マダイ	56,78
マダカアワビ	172
マダコ	148
マダラ	132
マダラ（魚卵）	39
マダラコ	39
マツイカ	146
マツカワガレイ	68
マツバガニ	202
マツブ	178
マテガイ	169
マハタ	109
マルアジ	49
マルアナゴ	61
マルサバ	47
マンジュガイ	155
マンダイ	93
マンボウ	93
ミズイカ	140
ミズガマス	119
ミズダコ	149
ミナタガイ	154
ミナミマグロ	22
ミルガイ	158
ミルクイ	158
ミルクガイ	158
ムギイカ	144
ムギワライサキ	101
ムギワラダイ	78
ムツ	117

220

参考文献

『握りの真髄 江戸前寿司の三職人が語る』(文春文庫)
『江戸前寿司への招待 寿司屋のかみさん、いきのいい話』(佐川芳枝　PHP研究所)
『神田鶴八鮨ばなし』(師岡幸夫　新潮文庫)
『聞き書 ふるさとの家庭料理 第一巻 すし なれずし』(農文協)
『塩釜すし郎物語』(上野敏彦　ちくま文庫)
『偲ぶ 與兵衛の鮓』(吉野昇雄　主婦の友社)
『いい街すし紀行』(里見真三 写真・飯窪敏彦　文春文庫)
『すきやばし次郎 旬を握る』(里見真三　文春文庫)
『すし技術教科書〈江戸前ずし編〉』(全国すし商環境衛生同業組合連合会監修　旭屋出版)
『すし技術教科書〈関西ずし編〉』
　　　　　(全国すし商環境衛生同業組合連合会監修　荒木信次編著　旭屋出版)
『鮓・鮨・すし すしの事典』(吉野昇雄　旭屋出版)
『すしの事典』(日比野光敏　東京堂出版)
『すし物語』(宮尾しげお　自治日報社出版局)
『東大講座 すしネタの自然史』
　　　　　(大場秀章、望月賢二、坂本一男、武田正倫、佐々木猛智　NHK出版)
『寿司屋のかみさん うまいもの暦』(佐川芳枝　講談社文庫)
『すしの貌 日本を知る 時代が求めた味の革命』(日比野光敏　大巧社)
『日本の味覚 すしグルメの歴史学』(岐阜市歴史博物館)
『ベストオブすし』(文春文庫)
『弁天山美家古 浅草寿司屋ばなし』(内田榮一　ちくま文庫)
『弁天山美家古 これが江戸前寿司』(内田正　ちくま文庫)
『図説有用魚類千種 正続』(田中茂穂・阿部宗明　森北出版　1955年、1957年)
『日本産魚類検索 全種の同定 第二版』(中坊徹次編　東海大学出版会)
『東シナ海・黄海の魚類誌 水産総合研究センター叢書』
　　　　　(山田梅芳、時村宗春、堀川博史、中坊徹次　東海大学出版会)
『日本近海産貝類図鑑』(奥谷喬司編著　東海大学出版局)
『新・世界有用イカ類図鑑』(奥谷喬司　全国いか加工業協同組合)
『世界海産貝類大図鑑』(R.T.アボット、S.P.ダンス　監修訳 波部忠重、奥谷喬司　平凡社)
『ウニ学』(本川達雄編著　東海大学出版会)
『新顔の魚(復刻版)』(阿部宗明　まんぼう社)

協力

「市場寿司　たか」「鮨忠　第二支店」「鮨忠　第三支店」(以上八王子市)、「すし政」(日野市)、「樋長」(築地)、「フィッシュディーラー　タカノ」「丸幸水産」「やまぎし」(以上八王子市)、「山丁　菊貞」(沼津市)、「岩崎魚店」(尾鷲市)、「田中水産」(鹿児島市)、「新立鮮魚店」(沖縄)、岩田昭人(尾鷲市)、「薬師神かまぼこ」(宇和島市)、島根県水産課、山口県水産振興課、独立行政法人水産総合研究センター、malmo(イラスト)

八王子綜合卸売センター
『市場寿司　たか』　渡辺隆之

静岡県出身。すし職人となって40年になる。決して名人ではなく、どちらかというと平凡な職人だけど、「安くておいしいすしを食べて欲しい」に徹して日々営業している。

終わりに

　食用になっている生物を調べ始めて三十年あまり。すしダネを調べ始め、実際に握りにして食べて撮影し始めて十五年以上になる。すしダネとして撮影した種はそろそろ千種になろうとし、すしダネは二千種に届こうとしている。

　そのすべてを握ったのが、すし職人の渡辺隆之さん。一般的なものはともかく、国内で数個体目といぅ、だれも食べたことのない魚介類を仕込み、握りにする。もう二度と触りたくないものなどというい、従来のすしダネよりもはるかにうまいものなど、まことに喜怒哀楽ともにする日々を送っている。

　最近、渡辺さんの「そろそろ打ち止めでしょ」の言葉に、「まだまだ序の口、これからですよ」と答えているが、実はこれは真実である。魚介類の種類は膨大で、国内で手に入るすしダネは千や二千ではきかない。

　本書は撮影したすしダネのなかでも比較的ポピュラーなもの、日本各地で実際に使われているものを網羅した。「すしダネの書籍」は作ろうと思っても、最低十年以上はかかる。本書も過去の蓄積があって、それでも企画してからぼう大な年月を費やしている。まだまだ道半ばであるが、本書で「江戸前ずしの基本」のほぼすべてがわかると思う。

　本書を読んで食べると「すし」がまったく違って感じられ、味わえるようだとうれしい。

ぼうずコンニャク

ボウズコンニャク

坊主蒟蒻

変な名前なので安いけど、う、うまい！

白身のきれいなすしダネ。ボクのように皮下脂肪があって甘い。すし飯との相性もピカイチなのである。一度食ったらやみつきになります。

おさかなデータ
スズキ目エボシダイ科
相模湾、山陰以南に生息
旬：春から初夏
呼び名：昔は「チゴメダイ」だった
食データ：最近では開き干しになって流通している。残念なのは味がいいのに名前が変なので売れないこと。買ってくださいね

おまけだよ！

年間を通して獲れるのは桜島を臨む錦江湾だけかも

比較的珍しい魚。研究者は「いざ手に入れたくても手に入らない魚」などと言う。手のひらサイズの小魚で、深海魚の仲間だ。ときどき底曳き網などに大量に入ると、だれも名前を知らないので大騒ぎになる。まことに見た目の悪い魚で、味がいいのに目立たないから売れない。まさにボクのような魚で、コヤツを見ると身につまされる。それでペンネームにさせていただいた。

小魚らしいきめの細かい味わいイヤミもなく、上品なのだ

イヤミのない味で好感度大。ボクのように味わい深い魚だ。イボダイに近い魚なので、味はそこから想像して欲しい。鹿児島県などで比較的安定した水揚げがあるので、一度行って食べてみて欲しい。それと鹿児島市のすし店様、ボクの分身を名物にしませんか？　味はボクの折り紙付き、繁盛しますよ！

PROFILE

藤原昌髙
ぼうずコンニャク

イラスト／おざわゆき

1956年、徳島県美馬郡貞光町（現つるぎ町）生まれ。子供の頃から川魚を捕ることが好き、魚を食べることは嫌いだった。ある日突然、魚好きに。人間と関わる生物すべて、食文化を調べ始めて30年以上。すしの写真を撮り始めて15年。魚介類関連写真は50万点以上、すしの写真は2万点以上を保有。
現在、島根県水産アドバイザー、釣り雑誌などにエッセイを書いている。
著書『からだにおいしい魚の便利帳』（高橋書店）、『地域食材大百科 魚介、海藻』（農文協）、監修『日本の食材帳—野菜、魚、肉』（主婦と生活社）
Webサイト『ぼうずコンニャクの寿司図鑑』http://sushi.zukan-bouz.com/

すし図鑑

2013年 5月 1日　初版第 1 刷発行
2024年 8月10日　初版第16刷発行

著者	ぼうずコンニャク 藤原昌髙
発行者	角竹輝紀
発行所	株式会社マイナビ出版 〒101-0003 東京都千代田区一ツ橋2-6-3 一ツ橋ビル2F TEL：0480-38-6872（注文専用ダイヤル） TEL：03-3556-2731（販売） TEL：03-3556-2735（編集） E-Mail：pc-books@mynavi.jp URL：https://book.mynavi.jp
印刷・製本	株式会社 大丸グラフィックス
デザイン&DTP	吉村朋子
写真撮影	ぼうずコンニャク 藤原昌髙
写真協力	独立行政法人　水産総合研究センター まんぼう社
編集協力	有限会社 クレア（藤原寿子、萩原さとか）
校正	柳元順子
企画・編集	山本雅之（株式会社マイナビ出版）

[注意事項]
- 本書の一部または全部について、個人で使用するほかは、著作権上株式会社マイナビ出版および著作権者の承諾を得ずに無断で複写、複製することは禁じられています。
- 本書について質問等ございましたら、上記メールアドレスにお問い合わせください。インターネット環境がない方は、往復ハガキまたは返信切手、返信用封筒を同封の上、株式会社マイナビ出版編集3部書籍編集2課までお送りください。
- 乱丁・落丁についてのお問い合わせは、Tel.0480-38-6872（注文専用ダイヤル）、電子メール：sas@mynavi.jp までお願いいたします。本書の記載は2013年3月現在の情報に基づいております。そのためお客様がご利用される時には、情報や価格などが変更されている場合もあります。
- 本書中の会社名、商品名は、該当する各社の商標または登録商標です。

定価はカバーに記載しております。
©Masataka Fujiwara 2013-2021
ISBN978-4-8399-4338-7
Printed in Japan